汽车车身制造工艺

主 编 胡正芳

重庆大学出版社

内容提要

本书从理论和实践结合的角度出发,力争反映汽车制造领域的前沿技术成果,探究了汽车生产过程中的制造工艺。本书共6章,内容包括概述、汽车制造中的机械加工工艺、汽车及其零件制造工艺设备基础、汽车底盘结构分析、汽车电气系统结构、焊接在汽车制造中的应用。本书图文并茂地详述了专业基本知识、结构构造,注重前沿技术的描述与应用,在加强基础理论和明确基本概念的同时,努力突出汽车制造工艺的工程性和实践性。

图书在版编目(CIP)数据

汽车车身制造工艺 / 胡正芳主编. -- 重庆:重庆
大学出版社,2020.9
高职高专汽车运用与维修专业系列教材
ISBN 978-7-5689-2358-3

Ⅰ.①汽… Ⅱ.①胡… Ⅲ.①汽车—车体—车辆制造
—工艺学—高等职业教育—教材 Ⅳ.①U463.820.6

中国版本图书馆 CIP 数据核字(2020)第 174024 号

汽车车身制造工艺
QICHE CHESHEN ZHIZAO GONGYI
主 编 胡正芳
策划编辑:范 琪

责任编辑:李定群 版式设计:范 琪
责任校对:王 倩 责任印制:张 策

*

重庆大学出版社出版发行
出版人:饶帮华

社址:重庆市沙坪坝区大学城西路 21 号
邮编:401331
电话:(023)88617190 88617185(中小学)
传真:(023)88617186 88617166
网址:http://www.cqup.com.cn
邮箱:fxk@ cqup.com.cn(营销中心)
全国新华书店经销
POD:重庆新生代彩印技术有限公司

*

开本:787mm×1092mm 1/16 印张:8.25 字数:209 千
2020 年 9 月第 1 版 2020 年 9 月第 1 次印刷
ISBN 978-7-5689-2358-3 定价:39.00 元

前　言

　　随着生产自动化水平的不断提高,生产系统越来越复杂,生产节奏越来越快,使生产管理者对企业工程项目改进的每一决策都需谨慎考虑。如果决策不当,往往会付出高昂的代价。

　　本书是从理论和实践结合的角度出发,力争反映汽车制造领域的前沿技术成果,探究了汽车生产过程中的制造工艺,以达到理论与实践相结合的目的

　　本书共6章,内容包括概述、汽车制造中的机械加工工艺、汽车及其零件制造工艺设备基础、汽车底盘结构分析、汽车电气系统结构、焊接在汽车制造中的应用。本书图文并茂地详述了专业基本知识、结构构造,注重前沿的技术的描述与应用,在加强基础理论和明确基本概念的同时,努力突出该汽车制造工艺的工程性和实践性,力求做到叙述简明、文字凝练。

　　本书在编写过程中,引用了部分相关的研究资料或文献,在此对其作者表示衷心的感谢。

　　由于编者的理论水平和实践经验有限,书中疏漏和不足在所难免,敬请广大读者批评指正。

编　者

2020 年 1 月

目录

第 1 章 概 论

1.1 现代汽车生产系统

汽车的生产是一个复杂的过程。汽车是由许多零件、部件、分总成等装配而成的。将原材料制造成产品的全部过程,包括原材料的运输、保管,毛坯制造、机械加工及热处理,部件装配和汽车的总装配,产品的品质检验、调试、涂装,以及包装、储存等,如图 1-1 所示。

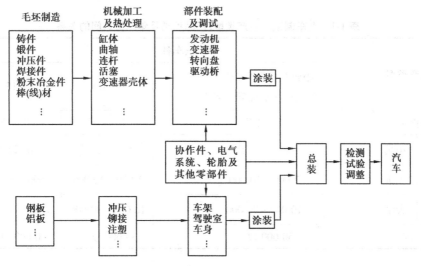

图 1-1 汽车生产系统简图

汽车的生产过程虽然可通过过程简图集中表达出来,但在实际生产中,它是一个社会化的生产过程,是由若干不同的专业化生产厂(车间)合作完成的。为了经济、高质量、高效率地提供汽车生产所需要的零部件,这些专业化工厂(车间)按产品的协作原则组织生产、分工合作。例如,生产一台发动机,首先是铸造、锻造厂(车间)将各种特性不同的原材料加工制造成毛坯,然后经过机械加工、热处理厂(车间)制成合格的零件,再结合利用其他专业技术的产品,如火花塞(汽油机)、燃油泵(柴油机)等各种附件,在总装厂(车间)进行部件装配和总成装配,最后经过调整试验达到要求的性能指标,成为一台质量合格的发动机。一个完整的汽车生产过程,除了上述生产厂(车间)外,还应包括为生产准备和为生产服务的有关部门,如:原材料及半成品供应;产品品质检测;工夹具、刀具制造、管理和准备;设备维护等部门。

1.2 汽车产品生产类型和工艺特征

1.2.1 生产纲领

一个汽车制造厂,根据市场需求、销售情况和本企业的生产能力,制订的年产量和进度计划,就是该汽车制造厂的生产纲领 T。对汽车零件的生产车间或协作厂的生产纲领 P,可计算为

$$P = T\mu(1 + \alpha)(1 + \beta)$$

式中　μ——每台汽车中该零件的所需量,件/台;

α——批次中备件的百分率;

β——批次中废品百分率。

将生产纲领所计划确定的零件数量,在一年里分批生产,每批生产的数量即为批量。一般分为大量生产、成批生产和单件生产 3 种生产类型。表 1-1 列举了汽车制造厂生产类型、产品种类及年产量之间的关系。但应注意,汽车零件生产车间、协作厂或生产线由于所生产的产品零部件的结构特点、工艺特点、需求量以及零部件使用寿命长短不同,可能具有相异的生产类型。

表 1-1　汽车制造厂生产类型、产品种类及年产量之间的关系

生产类型		汽车种类		
		小轿车及 1.5 t 以下 轻型载货汽车/(辆·年$^{-1}$)	2～6 t	8～15 t
单件生产		10 以下	10 以下	10 以下
成批生产	小批	2 000 以下	1 000 以下	500 以下
	中批	2 000～10 000	1 000～10 000	500～5 000
	大批	10 000～50 000	10 000～30 000	5 000～10 000
大量生产		50 000 以上	30 000 以上	10 000 以上

1.2.2 生产类型与生产方式

汽车产品的销售与工厂的生产能力决定了工厂的生产纲领。生产纲领的制订决定了产品的生产类型,即生产规模。

1)单件生产

单件生产是一次生产一台或少量的几台汽车,不重复或很少重复制造的一种生产方式。

这种生产类型,通常出现在汽车产品试制阶段。这种生产类型所生产的汽车产品,由于往往只进行一次或很少重复,因此,在生产组织上很灵活,加工设备为通用设备,专用夹具使用很少,而更多的是采用组合夹具。

2)成批生产

小批生产、中批生产和大批生产统称成批生产。在成批生产中,产品成批地、周期性地投入生产,每一工作场地或加工设备分批完成不同零件的一道工序或同一工件的几道相似工序。中重型载货汽车的生产即属于这种生产类型。在小批生产中,汽车产品产量不多,但周期性生产,其特征与单件小批生产相近。大批生产的工艺特征与大量生产相似。

3)大量生产

产品的数量很大,每一设备或工作地重复地进行一种零件或几种相似零件的某一工序的生产。汽车、汽车发动机、汽车上大部分零部件的加工,均采用这种生产类型。由于大量生产的零件数量很多,因此,在生产组织上,按零件的结构或部件的独立功能作用专业化进行,如发动机、变速器、转向器及车身等。为提高生产效率,生产设备通常采用专用机床设备、工艺装备,并按工艺规程顺序排列。

3 种不同的生产类型,在实际的生产中可能同时发生在一个工厂,甚至一个车间内。例如,某一发动机的制造是成批生产,但是发动机所用的某一个零件(气阀、连杆、活塞及活塞环等)却是大量生产。此外,在一个专业化制造厂或车间内,根据零件的结构、尺寸和工艺特征的相似性,对同类零件进行分组,将同组零件集中在一条生产线或一台设备上进行加工,这就是所谓的成组技术。这样,既可使多品种小批量零件生产统一起来变为成批大量生产,又可采用先进的生产工艺和生产组织形式。当生产从一种零件转换到另一种零件时,设备或生产线不需调整或稍作调整即可。

传统汽车生产同其他产品一样,选用生产类型与生产方式的准则仍然是:质量、成本、生产率。但随着生产技术的发展,人们消费水平的提高,消费的个性化以及汽车制造竞争日趋激烈,使传统的大批量生产类型正逐步被多品种小批量生产模式所取代。质量、成本、生产率这一传统准则的内涵也被赋予了新的含义,从而在汽车制造领域内,提出了新的 T(交货时间)、Q(质量)、C(成本)、S(服务)准则。根据 TQCS 四要素的要求,在满足用户需求的前提下,为了在激烈的市场竞争中占领优势地位并取胜,快速响应制造的概念正在汽车制造业界内以风起云涌之势推广开来。快速制造不仅要求加速更新换代的进程,而且要求保持质量领先。因此,确定一种汽车产品的生产类型、生产方式和制造工艺时,既要对汽车制造工艺技术有深刻透彻的掌握,还要从汽车生产管理的角度作出有战略眼光的选择。

汽车及其零部件的生产过程实际上包括零件、部件、整车生产的全过程。纵观世界汽车制造的生产方式,主要有以下 3 种:

①生产全部零部件,并且组装整车。

②只负责汽车的设计和销售,不生产任何零部件。

③生产一部分关键的零部件(如发动机等),其余的向其他专业生产厂(公司)成套采购。

第一种生产方式,如传统上的一些大型、超大型汽车制造企业,这些企业拥有汽车所有零部件设计、加工制造能力,在一个局部地区形成大而全、小而全的托拉斯汽车制造企业。这种生产方式,对市场的适应性极差,难以做到生产设备负荷的平衡,固定资产利用率低,工人工作极不均衡,是一种呆板、跟不上时代的、落后的生产方式。

第二种生产方式,固定资产投入少,充分适应市场变化快的特点,转产容易,使汽车生产彻底社会化、专业化,如国外敏捷制造中的动态联盟。其实质就是在互联网信息技术支持下,在全球范围内实现这一生产方式。这种生产方式突出了知识在现代制造中的作用和地位,是一种将传统的汽车制造由资金密集型向知识密集型过渡的先进生产方式。

第三种生产方式,克服了第一种方式所具有的投资大、对市场适应性差的缺点,也克服了第二种方式不能控制掌握汽车制造中的核心技术和工艺的不足,成为当今汽车制造最普遍的生产方式之一。按这种生产方式运作,汽车生产只控制整车、车身、发动机等核心零部件的设计与生产,其余零部件由专业生产厂家提供。例如,美国的三大汽车公司,在各自公司周围密布了成百上千的专业生产企业,承担了汽车零部件和汽车生产所需的专用工装夹具、模具、专用设备的生产供应。日本的汽车工业生产格局也是如此。例如,日本电装、丰田工机等公司原来都是典型的专业生产汽车零部件的企业,它们不仅为日本本国汽车生产企业提供配件,而且为全球汽车生产厂供货。以日本电装公司为例,它原是丰田公司属下的一个汽车电气配套子公司,1949年另立门户后,现已成为年产值逾120亿美元的日本最大的汽车零部件生产厂,所生产的汽车空调器、启动机、刮水器、散热器等产品市场占有率居世界首位。

20世纪初到中叶,汽车制造主要以Ford生产方式为代表,其生产特点为典型的大批量生产模式。专用设备、刚性生产线,以及零件高度互换和质量统计分析为主的质量保证体系,代表了它的主要特征。这个时期,单工序优化的制造工艺技术研究对提高生产率、降低制造成本发挥了决定性作用。但随着经济的发展,人们消费水平的提高,汽车消费要求日趋个性化,多品种、小批量的汽车生产方式逐渐占据主导地位。但在多品种、小批量生产方式下,汽车制造的效益不再显著。如何面对激烈的市场竞争,使企业保持良好的效益,从管理科学方面对汽车制造提出了许多新理念及企业运作方法。例如,日本丰田公司实施的准时生产JIT(Just In Time)及生产监控方法。所谓JIT,就是在需要的时间里生产需要的合格产品。生产监控方法就是在生产线中保证进入下一工序的成品或半成品是100%的合格品。丰田的这种生产运作方式不仅适应了市场变化,而且使在制品库存积压大量减少。又如,美国里海大学与通用汽车公司(GM)共同提出的敏捷制造(AM)的概念。敏捷制造的目的是快速解决市场需求问题。其基本核心内容就是虚拟公司与动态联盟。所谓虚拟公司,就是当有了成熟的汽车产品设计后,不再像传统汽车生产方式那样组织生产,而是通过计算机网络,在全球范围内,选择最具实力的制造企业组成联盟,即虚拟公司。虚拟公司的生产运作均是通过网络、数据库、多媒体等信息化技术手段来完成的。当产品的市场寿命结束了,虚拟公司也就完成其使命。在扁平化管理的虚拟公司运作中,各加盟配套企业在技术、经济、管理上各自都相对独立,有较大自我决策权,联盟仅参与意见,这样更有利于实现敏捷设计、敏捷制造的并行。事实上,现在许多发达国家的汽车制造工业在生产方式及配套体系运作上已全面按这种理念进行运作。

1.2.3 不同生产类型的工艺特征

生产类型的不同,生产组织、管理,生产车间的布置,毛坯的制作,设备、工装夹具、加工方法的选择以及对工人技术等级等方面的要求均不同。制订工艺规程时,必须考虑与生产类型相适应,这样才能取得最大的经济效益。表1-2对不同汽车生产类型和工艺过程的特征进行了详细的比较和描述。

表1-2 不同汽车生产类型和工艺过程的特征比较

特 征	项 目	单件小批生产	成批生产	大批、大量生产
产品特征	产量	少	一般	多
	产品品种	繁多	少量同类品种	基本单一品种
	生产重复性	没有互换性,广泛采用钳工进行装备	大部分有互换性,同时保留试配	全部有互换性,某些精度高的配对件采用分组选择装配法
	零件互换性	经常变换,基本不重复	周期性变换、重复	基本固定不变、重复
	毛坯制造及加工余量	铸件用木模手工制造,锻件用自由锻,毛坯精度低,加工余量大	部分铸件用金属模,部分锻件用模锻,毛坯精度一般,加工余量较小	金属模机器造型,锻件采用模锻及其他高生产率毛坯制造法,毛坯精度高,加工余量小
工艺装备特征	机床设备	通用机床、数控机床、加工中心	数控机床、加工中心、柔性制造单元,部分也采用通用机床、专用机床	专用生产线,自动化生产线,柔性制造生产线或数控机床
	夹具	极少采用夹具,偶尔采用组合夹具	广泛采用专用夹具	采用高生产率专用夹具
	刀具与量具	采用标准刀具和通用量具	采用标准刀具、量具,部分采用专用刀具及量具	基本采用专用刀具、专用量具
工艺特征	加工方法	试切法、划线找正加工法	调整法为主,偶尔也采用试切法	调整法自动加工
	工艺规程	简单的工艺路线(流程)卡	有工艺规程,对一些主要或关键零件有详细的工艺规程	有详细的工艺规程
技术经济性比较	设备投资	少	一般	高
	生产效率	低	一般	高
	生产成本	高	一般	低
	对工人技术要求	熟练	一般熟练	操作工人技术水平要求低,调整工人技术水平要求高

1.3 汽车生产工艺及装备的技术进步

1.3.1 现代汽车生产工艺

1）工艺的定义

工艺是指生产过程中的工艺过程，也是生产过程中最主要的组成部分。所谓工艺过程，就是改变原材料（或毛坯）的形状、尺寸、相对位置及材料性能，使其成为成品或半成品的那部分生产过程。它包括铸造、锻造、热处理、机械加工及装配等工艺过程。铸造和锻造工艺过程，统称毛坯制造工艺过程。在这一工艺过程中，原材料经过铸造或锻造而成为满足设计技术要求、具有特定外形形状的铸件或锻件。在紧接下来的机械加工工艺过程中，借助于不同形式的加工方法和不同性能的加工设备，毛坯按一定顺序依次通过各道工序，改变形状、尺寸和相互位置关系，成为满足设计图样要求的零件。而这些被加工好的、合格的零件，按照规定的技术要求装配起来，就成了具有一定功能的部件、分总成（如发动机、变速器等）和汽车，这一环节称为装配工艺过程。

2）机械加工工艺过程的组成

机械加工工艺过程主要分为工序、安装、工位、工步及走刀等。

（1）工序

工序是工艺过程的基本组成单元。它是指一个（或一组）工人在一台设备上对一个或同时对几个零件所连续完成的那一部分加工过程。在生产过程中，区分一道工序的依据是分析零件加工进程中工作的场地或设备是否发生变更，加工过程是否连续。为什么要划分工序呢？其一，因为零件表面具有不同的形状、精度，因此，这些表面一般不可能在一台机床上全部加工完成；其二，划分工序可提高生产效率，降低生产成本。

（2）安装

在同一道工序中，零件在加工位置上装夹一次所完成的那一部分工序，称为安装。一道工序中可以有一次或多次安装。如图1-2所示，在车削发动机活塞外圆面、端面和活塞环槽的工序中，车削裙部外圆 A 和端面 B 所进行的安装，称为安装1；车削活塞顶部 C 和切活塞环槽 D 所进行的安装，称为安装2。因此，在这道工序中包括了两次安装。

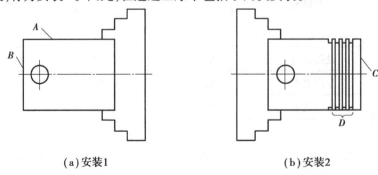

(a)安装1　　　　　　　　　　　　(b)安装2

图1-2　活塞裙部和活塞环槽加工

在一道加工工序中,应尽量减少安装次数。这是因为安装次数增多,不仅影响生产效率,而且由于多次安装,安装位置改变,势必影响被加工部位之间的精度。例如,上述活塞外圆面的加工,就因采用两次安装,可能造成活塞裙部外圆与环槽外圆同轴度精度降低以及裙部端面与活塞顶面不平行。因此,在同一道工序中,为提高生产效率和零件位置精度,应尽量减少安装次数。

（3）工位

采用转塔加工设备或转位工作台进行零件加工时,零件一次安装后,零件(或刀具)相对于机床有多个不同位置。零件在每个位置上完成的那一部分加工过程,称为一个工位。

如图1-3所示为零件在二轴组合钻、铰设备上的加工情况。零件安装在回转工作台上,从装卸位置1到铰零件孔位置3,零件相对于刀具位置发生了3次改变,3次位置改变的完成,即表示一个零件在该工序的加工内容的结束,而零件每转一个位置,则是一个工位,故该工序为3个工位。另外,应注意,如果零件安装在固定的工作台上,而加工刀具安装在转塔刀架上,这时刀架的每一次转动,零件相对于刀具的位置也发生一次改变,这也是一个工位。

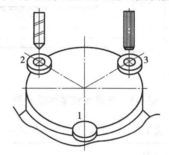

图1-3 三工位二轴钻铰孔加工

工位零件加工方法减少了安装次数,提高了生产效率,特别适用于汽车零件的加工生产。

（4）工步

零件在一次安装中,在加工表面、加工刀具、切削用量(转速及进给量)不变的情况下,所连续完成的那一部分工序内容,称为工步。如图1-2所示,在车削活塞顶部 C 和切活塞环槽 D 的工序中,由于加工表面、刀具、切削用量都不同,因此,它们属于不同的工步。

在汽车的零件加工生产中,为了提高生产效率,通常在一次安装条件下,利用多个刀具同时加工多个待加工表面,称为复合工步。如图1-4所示,在车床上用2把车刀、1把钻头同时车削外圆台阶表面和钻油孔,即为一个复合工步。

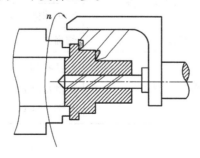

图1-4 复合工步——通油螺塞孔及外圆表面加工

（5）走刀

零件一次安装后，在一个工步内，被加工表面余量较大时，需要进行多次切削。每进行一次切削，称为一次走刀。

如图1-5所示为三通螺钉零件结构图。通过表1-3的描述，可方便地分清工序、安装、工位、工步及走刀之间的关系。

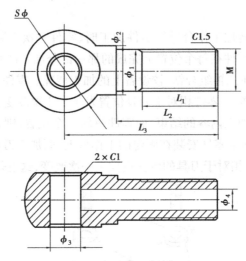

图1-5　三通螺钉零件结构图

表1-3　三通螺钉加工工艺过程

工　序	安装次数	工　步	工位	走刀
Ⅰ车	1次（三爪自定心卡盘）	1. 车端面 2. 车外圆（ϕ_2） 3. 车外圆（ϕ_1）	1	1
		4. 倒角（C1.5）	1	1
		5. 车螺纹（M）	1	1
		6. 钻孔（ϕ_4） 7. 切断	1	1
Ⅱ车	1次（三爪自定心卡盘）	1. 车端面	1	1
		2. 车球体（$S\phi$）	1	1
Ⅲ铣	1次（组合夹具）	铣扁	2	1
Ⅳ钻	2次（V形块）	1. 钻孔（ϕ_3） 2. 倒角（C1） 3. 倒角（C1）	1	1

1.3.2 现代汽车生产装备及技术的进步

在以高科技产业为主要支柱、以智力资源为主要依托的知识经济条件下,制造业正在发生革命性的变化,制造技术正在发生质的飞跃。世界上越来越多的人认识到制造业和制造技术发展的重要性。没有先进的制造业,无论哪一个产业都将失去存在和发展的条件。工具行业是制造业的基础产业,必须随着制造技术的不断变化,促进工具技术进步。

1)现代汽车制造技术发展的趋势

东风汽车集团有限公司1967年开始建设时,是集中了当时国内外先进技术,被称为"聚宝盆"。在建成投产后的20多年间,全世界汽车工业不断得到迅速发展,现代汽车工业已成为高新技术装备起来的产业。目前,我国汽车行业各类生产企业5 800多家,总资产超过万亿元,汽车工业总产值超过万亿元,纳税超过1 000亿元。汽车化水平达到24辆/千人。"十五"期间,我国汽车产能增长了3倍,国际排名第三位,汽车行业员工200万人,相关行业1 000万人,服务行业1 000万人就业。我们不难看出,用高新技术装备起来的汽车产业已成为我国经济发展的主要推动力。同时,汽车制造技术的发展也必然带动其他相关工业的发展。

(1)现代汽车产品技术发展的主要表现

现代汽车产品技术发展的主要表现在于:

①汽车产品发展更加重视"人性化",在设计理念上充分体现"以人为本"的特点。

②广泛采用汽车新型材料,汽车新型材料的采用可使车重下降40%~45%,这将使汽车产品节能环保能力不断提高。

③不断改进汽车的动力性,同时大力发展混合动力和电动技术。

④高度重视环保及安全技术。例如,ABS,EPS及CAPS。

⑤电子技术的应用发展迅速。汽车智能化、公路自动化、自动导航系统、综合控制技术成为汽车电子信息技术的发展趋势。

⑥汽车制造技术的变化(如敏捷制造技术)更适应了汽车产品技术的发展。

⑦汽车产品技术的发展使汽车市场的变化更加激烈。

当然,这些只是汽车技术发展的主要点。随着汽车科学技术的不断进步,汽车制造技术也会不断创新,促进我国汽车工业更快、更好地发展,同时也必然带动工艺装备技术的发展。

(2)汽车制造技术进步的重要特点

汽车制造已由过去传统的专机生产、流水线生产、自动线生产,发展到今天的以柔性技术为特点的生产线生产。这一汽车制造技术的进步过程是由汽车制造的高效率要求以及需求的"个性化"要求引导的结果,使汽车制造技术向着技术的柔性化和生产的柔性化方向迅速发展,以适应快速变化的市场需求。过去一个新车型开发周期要几年时间,现在缩短到几个月的时间,甚至时间更短。因此,其生产的高效率和高度柔性化在汽车制造技术发展的过程中得到充分的表现。

高效、精密、柔性化、自动化是汽车制造技术变化的趋势。对于汽车制造技术进步的特点来说,主要有以下9个方面:

①缸体、缸盖等零件的大平面加工采用密齿铣刀进行高速切削。零件孔的加工,钻削加工占60%,大多采用了高速切削和铣削螺纹孔工艺。

②曲轴加工方法采用内铣、车拉、外铣的先进工艺及设备,车拉工艺具有更好的加工柔性,

可加工曲轴的主轴颈、连杆轴颈、法兰和皮带轮轴颈,而且还可同时加工轴颈的外圆、轴肩、圆角或沉割槽,结合曲轴的高速外铣可大大节省加工时间。

③已有厂家生产凸轮轴采用装配式凸轮轴,可方便地生产不同行程及相位角的凸轮轴,提高生产线的柔性程度。

④凸轮轴廓形高速磨削已普遍使用,其高速点磨工艺具有高效、高精度的优点。

⑤连杆加工采用成形拉削工艺,中分面采用"涨断"工艺,还有采用激光切断工艺的。

⑥多气门复杂缸盖的柔性加工工艺。

⑦先进的检测技术在制造过程中将更加重视在线测量和防错装置的使用,加强对制造过程的控制及质量保证。计算机控制的检测仪器、装置已普遍使用。

⑧汽车电子技术综合控制成为汽车电子信息技术的发展趋势。

⑨不断提高汽车安全技术的可靠性、稳定性。

这些新的制造工艺技术反映了现代汽车制造技术正在向高效、精密、柔性化、自动化方面发展的特点,故将推动汽车制造中高速加工技术、成形加工技术、敏捷制造技术、智能化加工技术及绿色加工技术等的快速发展,以提高我国汽车工业的制造工艺技术水平和技术创新能力。

2)现代汽车工艺技术对装备技术的促进

1953年建设中国第一汽车制造厂(现中国第一汽车集团有限公司,简称"一汽")时,是苏联汽车制造工艺技术对我国的援助,当时的汽车制造工艺技术就对我国工具技术的进步提出了新的要求,直到1967年建设第二汽车制造厂(简称"二汽"),采用"聚宝"的方式,将当时能做到的国内外最先进的工艺装备技术嫁接到二汽,这对提高我国当时的汽车制造工艺技术是起到了关键性作用。20世纪80年代以来,我国汽车工业得到很大发展,汽车工业及其制造工艺技术都有了很大进步,从国际汽车展看中国的汽车工业发展,是令人振奋的。目前,我国制造的汽车产品不比国外差,不少企业的制造工艺及设备都很先进,但在核心技术和自主开发方面做得较差,还有相当的差距,在汽车设计、总成设计、电子技术、工艺装备等方面的创新和自主开发能力不足,结合工具行业来说,如反映工艺技术水平的工具技术,与国外相比差距甚大。国内汽车厂家都十分盼望其工具行业能为汽车工业应用先进制造工艺技术提供所需的各类先进的工具及其管理和技术支持。

在制造工艺技术中,伴随着信息技术的发展,一方面,发展了以数控机床为基础的加工自动化技术;另一方面,在加工工艺和加工方法上也发展了许多新工艺、新技术,比较典型的有高速加工技术、精密与超精密加工技术、高能束加工技术(激光、水射流、离子和电子等)以及虚拟制造技术等。上述先进制造工艺技术的发展,大幅度地提高了劳动生产率,改善了产品质量,降低了生产成本,为社会创造了巨大的物质财富。先进的制造工艺技术也推动了工具技术的创新。在工具技术进步上,世界主要工业国家在切削工艺技术、切削工具材料、切削工具与机床的接口技术等方面都取得了很大成效,尤其值得注意的是高速切削技术现在已进入了工业应用阶段,适应现代汽车制造工艺技术高效、精密、柔性化、自动化的要求就成为工具技术发展的方向。在工具国产化工作中,总结出"高硬度、高寿命、高耐用度、高效率和特殊性"的工具技术要求,对新工具推广应用起到了很大的作用。面对汽车制造工具技术进步的形势,必须跳出老式技术模式,广泛采用"四新技术",加快工具技术创新的步伐,为现代汽车制造工艺技术提供技术基础支持,促进工具行业自身的发展与进步。

汽车生产从单一品种生产发展到多品种混流生产,从专机生产发展到柔性化生产,这是一个不断进行的技术创新的过程,这一过程的表现对整个工艺装备技术都提出了更高、更新的需求,高速、高效、复合、精密,甚至网络化是这种需求的新特点,是工具行业技术创新的方向。

在汽车制造工艺技术不断创新的形势下,工具行业面临着巨大的机遇和严重的挑战。

从奇瑞"中国心"——Acteco 发动机制造工艺技术来看,应如何研究中国工具技术今后的发展问题。

(1)促进刀具结构及几何参数的优化设计

目前,全球工具厂家都在竞相围绕现代汽车制造工艺技术对工具技术进行全面更新换代,其速度惊人。向工具的高效、精密、自动化技术挑战已成为工具行业共识,"四高一特"成为工具技术创新的目标,以此来满足其高速加工、柔性加工的要求。例如:

汽车产品向材料轻质,高强度,环保技术方向发展,工具行业也应紧跟这一趋势,优化其产品结构,提高产品性能,改善切削环境,来满足汽车产品材质材料更新的技术要求。

适用于大平面高速加工的密齿铣刀已被普遍采用,大大提高了生产效率和产品质量,降低了制造成本。

用于曲轴加工的曲轴车拉刀,曲轴内铣刀、曲轴外铣刀,完全改变了传统的曲轴加工方法,提高了曲轴加工的效率和精度。

机夹可转位刀具朝着多功能、高性能、高效率、高复合性方向快速发展。例如,高速金刚石面铣刀,内冷却式孔加工刀具,枪钻、枪铰、U 钻、复合钻、高效加工内螺纹铣刀等,其刀具材料、刀具结构、冷却方式、刃沟钻尖形式与端齿形式,柄部结构、切削刃负荷都得到充分改善,适应高速切削的要求。

成形刀具在零件加工中广泛使用。

高性能高速钢刀具在高速加工中大大提高了加工效率,如滚刀、散热器散热片加工装配式滚切刀、磨制钻头等。

上述新型刀具反映了当今工具技术的新成果和工艺水平,这些新工具都具有很高的排削性能、高刚性、高回转平衡性。

(2)促进刀具新材料应用

刀具新材料进入了优质、耐磨、高效的实用新阶段。大力推广新型工具材料,满足各种环境下的切削要求,是提高工具技术的基础。

大力推广应用高性能高速钢、钴高速钢、粉末高速钢等。

大力推广应用细颗粒和超细颗粒硬质合金材料。超细晶粒硬质合金适用于大多数的钻削和铣削加工,如硬质合金丝攻、立铣刀等。

大力推广应用适合高速切削的刀具材料。

各种涂层硬质合金。

陶瓷和金属陶瓷。

超硬刀具材料 CBN,PCD,PCBN。

高速钢刀具及硬质合金刀具均可通过涂层来提高刀具的使用性能。涂层刀具对改善产品加工质量,提高生产效率和降低刀具使用成本都十分明显。

涂层技术方法分 CVD 和 PVD 两种。若按涂层材料,可分为硬涂层和软涂层。

硬涂层:具有高硬度、高耐磨性。

软涂层:具有低摩擦系数,降低切削力和切削温度。

涂层有单层、多层涂层和梯度涂层。

"软-硬"复合涂层、超硬薄膜涂层和纳米涂层。

软涂层材料 MoS2,WS2,TaS2 及其组合(固体润滑材料)适用于高温、高速、大载荷特殊条件下切削。MoS2/Ti 涂层刀具适用于低速断续切削。软涂层可用于干式切削。

(3)促进刀具制造工艺技术的进步

从总体上讲,国内刀具的制造工艺技术较落后,除了刀具结构和刀具材料原因之外,其刀具产品档次低、质量差是与当前国内刀具的制造工艺技术落后分不开的。这不仅反映在机械加工上,还反映在其热处理技术上及产品质量检测手段上。因此,必须提高国内的工具技术,学习国外先进的工具制造工艺技术,以提升自身的工具制造水平,同时要重视刀具切削环保技术、安全技术的研究与开发应用。

(4)促进刀具系统技术发展

世界知名夹具生产厂家和专业化程度较高的切削刀具生产厂家分别推出了高精度液压夹头、热装夹头、三棱变形夹头、内装动平衡机构刀柄、扭矩监控夹头等新型产品,其夹紧精度高,定位精准,传递扭矩大,结构性能好,外形尺寸小,安全可靠。数控技术日新月异的发展趋势使柔性化出现了智能化、网络化更高层次的先进制造工艺技术,由于智能化加工技术必然成为工具技术今后发展的重点,这是毫无疑问的,工具行业只有全面提升自己的创新能力,才能肩负起振兴工具行业的责任。

要把夹持技术、数字控制技术、动态控制技术及动平衡技术研究应用作为重点,要把开发新型刀柄和夹头作为高效、精密、自动化刀具发展的重要组成部分,如 HSK,ABS,BT 等,以促进刀具系统技术的发展。

(5)促进新型测量技术发展

近年来,汽车制造业在线检测及跟踪控制测量技术发展也是十分明显的,量具产品正在向多功能、高分辨率、高精度以及机电一体化智能化方向发展,计算机辅助测量、数显技术、光电技术大量应用于现代检测装备装置中,满足了其制造工艺技术高效、精密、自动化的发展需求。

第2章
汽车制造中的机械加工工艺

2.1 机械加工工艺规程的设计

2.1.1 机械加工工艺规程的作用、类型及格式

1)工艺规程的作用

工艺规程是在总结生产实践经验的基础上,根据多种学科的理论和必要的工艺试验后制订的,反映了加工过程中的客观规律。工艺规程既是指导工人操作和用于生产、工艺管理工作的主要技术文件,又是新产品投产前进行生产技术准备的依据和新上项目的原始资料。正确的、经过层层审批的工艺规程,是企业中一切有关人员应认真执行的工艺纪律。

2)工艺规程的类型与格式

《工艺管理导则 第5部分:工艺规程设计》(GB/T 24737.5—2009)规定工艺规程的类型有:

(1)专用工艺规程

针对每一个产品和零部件所设计的工艺规程。

(2)通用工艺规程

①典型工艺规程。

为一组结构特征和工艺特征相似的零部件所设计的通用工艺规程。

②成组工艺规程。

按成组技术原理将零部件分类成组,针对每一组零件所设计的通用工艺规程。

(3)标准工艺规程

已纳入标准的工艺规程。

2.1.2 机械加工工艺规程的设计原则、步骤与内容

1)机械加工工艺规程的设计原则

制订工艺规程的基本要求是在保证产品质量的前提下,尽量提高生产率与降低成本。设

计工艺规程应遵循以下原则:

①必须可靠地保证零件图图纸上所有技术要求的实现。若发现产品图纸有的技术要求不适当,只能向有关部门提出修改建议,不得擅自修改图纸或不按图纸要求去做。

②在规定的生产纲领与生产批量下,通常要求工艺成本最低。

③充分利用现有的生产条件和资料,力求做到少花钱、多办事。

④尽量减轻工人的劳动强度,提高生产率,并保障生产安全,创造良好、文明的劳动条件。

2)设计机械加工工艺规程的步骤与内容

阅读产品装配图和零件图,了解产品的用途、性能和工作条件,熟悉零件在产品中所处的地位和作用。审查产品图纸上的尺寸、视图和技术要求是否完整、正确、统一,是否符合相关标准;找出主要技术要求和分析关键技术问题,并确定核心工艺;审查零件的结构工艺性。

在制订机械加工工艺规程之前,应先对零件结构进行工艺性分析。

(1)零件结构工艺性概念

零件结构工艺性是指所设计的零件能在满足使用要求的前提下制造的可行性和经济性。它包括零件制造全过程中的各种工艺性,如零件结构的锻造、冲压、铸造、焊接、热处理、切削加工及塑料成型等的工艺性。在制订机械加工工艺规程时,需要进行有关零件切削加工工艺性分析。

(2)合理标注零件的尺寸、公差和表面粗糙度

零件图中的尺寸与公差的标注对切削加工工艺性有较大的影响。它是零件结构工艺性的重要内容之一。尺寸标注既要满足设计要求,又要便于加工。满足设计要求的尺寸,都是直接影响装配精度的尺寸,要通过装配尺寸链的分析来标注。其余多数尺寸,则应按工艺要求标注。

①按照加工顺序标注,避免多尺寸同时保证。

如图 2-1(a)所示的齿轮轴零件的尺寸标注,其端面 A 和 B 要最终磨削。磨削 A 面后,同时获得尺寸 45 mm 和 165 mm;磨削 B 面后,同时获得尺寸 45 mm,60 mm,145 mm。这两组尺寸中,都有一个尺寸可直接获得,其余尺寸则要进行工艺尺寸链换算才能获得。由工艺尺寸链理论可知,这将会增加零件的精度要求,故工艺性不好。若改成如图 2-1(b)所示的尺寸标注,即两个 45 mm 分别标注成 120 mm,100 mm,并标注总长尺寸 370 mm,则磨削端面 A 时,只需保证尺寸 165 mm;磨削端面 B 时,仅保证 60 mm 尺寸,没有多尺寸同时保证问题,符合按照加工顺序标注尺寸,因此不必进行工艺尺寸链换算,也不增加零件的加工难度。

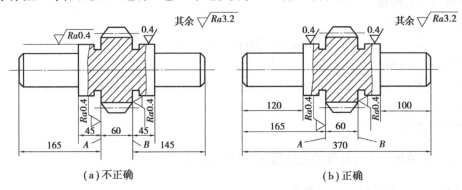

(a)不正确　　　　　　　　(b)正确

图 2-1　按照加工顺序标注尺寸的实例

②由定位基准或调整基准标注尺寸,避免基准不重合误差。

图 2-2 为在多刀车床上加工阶梯轴时尺寸标注的实例。如图 2-2(a)所示,阶梯轴以左端面为定位基准,紧靠在固定支承上,前顶尖轴向可浮动。故零件的轴向尺寸应以左端面为基准标注。若左端面距加工面较远,调整或测量不方便时,可改用如图 2-2(b)所示以作为调整基准的某轴肩为基准标注轴向尺寸,并标注尺寸 L 连接定位基准和调整基准。

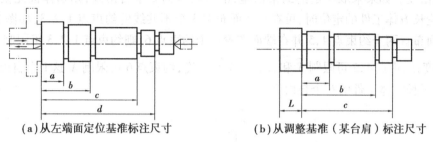

(a)从左端面定位基准标注尺寸　　　　(b)从调整基准(某台肩)标注尺寸

图 2-2　在多刀车床上加工阶梯轴的尺寸标准实例

③由形状简单和易于接近的轮廓要素为基准标注尺寸,避免尺寸换算。

若零件上的轮廓要素是平面或圆柱面,则应从这些表面标注尺寸。若轮廓要素由一些复杂的不规则表面组成,则孔是较好的基准,由孔的轴线为基准标注尺寸。

零件上的尺寸公差、形位公差和表面粗糙度的标注,应根据零件的功能经济合理地决定。过高的要求会增加加工难度和成本,过低的要求会影响工作性能,两者都应避免。

零件结构要素是指组成零件的各加工面,显然其工艺性会直接影响零件的工艺性。零件结构要素的切削加工工艺性归纳起来有以下 3 点要求:

a.各要素的形状应尽量简单,面积应尽量小,规格力求标准与统一。

b.能用普通设备和标准刀具进行加工。

c.加工面与非加工面应明显分开,加工面之间也应明显分开。

2.2　工件加工时的定位与基准

在制订机械加工工艺规程时,正确地选择定位基准对保证零件间的尺寸与位置精度和安排加工顺序都有很大的影响。采用夹具装夹时,定位基准的选择还会影响夹具的结构。因此定位基准的选择是一个很重要的工艺问题。

2.2.1　工件的定位

1)工件的装夹

工件在机床上或夹具中的装夹方法主要有直接找正装夹、划线找正装夹和夹具找正装夹 3 种。这 3 种装夹方法都会遇到定位的问题。下面将从定位原理开始介绍什么是工件的定位和如何实现工件的定位。

2）定位原理

（1）六点定位原理

一个物体在空间可以有 6 个独立的运动。以如图 2-3 所示的长方体为例,它在直角坐标系 $Oxyz$ 中可以有 3 个平移运动和 3 个转动。3 个平移运动分别是 x,y,z 轴的平移运动,记为 $\vec{X},\vec{Y},\vec{Z}$;3 个转动分别是绕 x,y,z 轴的转动,记为 $\hat{X},\hat{Y},\hat{Z}$。习惯上,把上述 6 个独立运动称为 6 个自由度。如果采取一定的约束措施,消除物体的 6 个自由度,则物体被完全定位。例如,在讨论长方体工件的定位时,可在其底面布置 3 个不共线的约束点 1,2,3,如图 2-4(a)所示;在侧面布置两个约束点 4,5 并在端面布置一个约束点 6,则约束点 1,2,3 可限制 $\hat{X},\hat{Y},\vec{Z}$ 这 3 个自由度;约束点 4,5 可限制 $\hat{X}$ 和 $\vec{Z}$ 这 2 个自由度;约束点 6 可限制 $\vec{X}$ 这 1 个自由度。这就完全限制了长方体工件的 6 个自由度。

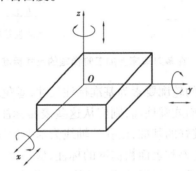

图 2-3　自由度示意图

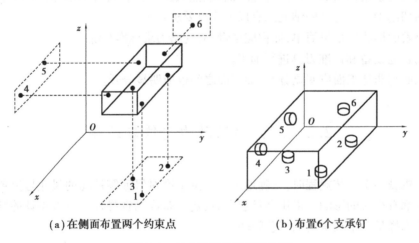

（a）在侧面布置两个约束点　　　　　　（b）布置6个支承钉

图 2-4　长方体工件的定位分析

在实际应用中,通常把接触面积很小的支承钉看成约束点,即按上述位置布置 6 个支承钉,可限制长方体工件的 6 个自由度,如图 2-4(b)所示。

采用 6 个按一定规则布置的约束点,可限制工件的 6 个自由度,实现完全定位,称为六点定位原理。

（2）用定位元件代替约束点限制自由度

由于工件的形状是千变万化的,用于代替约束点的定位元件的种类也很多。除了支承钉以外,常用的还有支承板、长销、短销、长 V 形块、短 V 形块、长定位套、短定位套、固定锥销及浮动锥销等。直接分析这些定位元件可限制哪几个自由度,以及分析它们的组合限制自由度的情况,对研究定位问题有更实际的意义。

(3)完全定位和不完全定位

根据工件加工面的位置度(包括位置尺寸)要求,有时需要限制 6 个自由度,有时仅需要限制 1 个或几个(少于 6 个)自由度。前者称为完全定位,后者称为不完全定位。完全定位和不完全定位都有应用。在图 2-5 中,列举了 6 种情况。其中,图 2-5(a)要求在球体上铣平面,因是球体,故 3 个转动自由度不必限制,此外该平面在 x 方向和 y 方向均无位置尺寸要求,因此这两个方向的移动自由度也不必限制。因为 z 方向有位置尺寸要求,所以必须限制 z 方向的移动自由度,即球体铣平面(通铣)只需限制 1 个自由度。仿照同样的分析,图 2-5(b)要求在球体上钻通孔,只需要限制 2 个自由度;图 2-5(c)要求在长方体上通铣上平面,只需限制 3 个自由度;图 2-5(d)要求在圆轴上通铣键槽,只需限制 4 个自由度;图 2-5(e)要求在长方体上通铣槽,只需限制 5 个自由度;图 2-5(f)要求在长方体上铣不通槽,则须限制 6 个自由度。

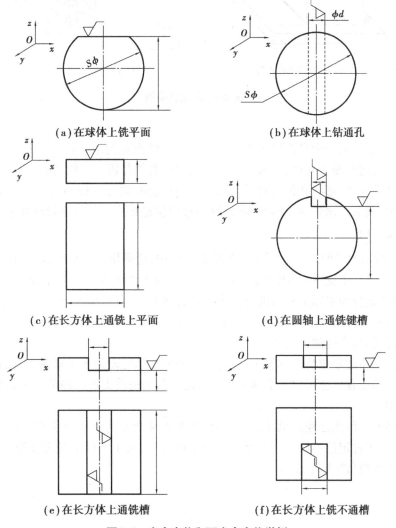

(a)在球体上铣平面　　　　　　　　(b)在球体上钻通孔

(c)在长方体上通铣上平面　　　　　　(d)在圆轴上通铣键槽

(e)在长方体上通铣槽　　　　　　　　(f)在长方体上铣不通槽

图 2-5　完全定位和不完全定位举例

(4)欠定位和过定位

①欠定位。

根据工件加工面位置尺寸要求,必须限制的自由度没有得到全部限制,或在完全定位和不完全定位中,约束点不足,这样的定位称为欠定位。欠定位是不允许的。如图 2-6 所示为铣床上加工长方体工件台阶的两种定位方案。台阶高度尺寸为 A,宽度尺寸为 B,根据加工面的位置尺寸要求,在图示坐标系下,应限制的自由度为 $\vec{X},\vec{Z},\hat{X},\hat{Y}$ 和 $\hat{Z}$。在图 2-6(a)中,只限制了 $\vec{Z},\hat{X},\hat{Y}$ 3 个自由度,属欠定位,难以保证位置尺寸 B 的要求。在图 2-6(b)中,加进一块支承板后,补充限制了 $\vec{X},\hat{Z}$ 2 个自由度,才使位置尺寸 A 和 B 都得到保证。

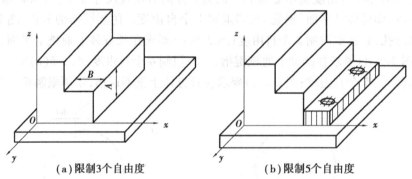

(a)限制3个自由度　　　　　(b)限制5个自由度

图2-6　欠定位举例

②过定位。

工件在定位时,同一个自由度被两个或两个以上约束点约束,这样的定位称为过定位,或称定位干涉。过定位是否允许,应根据具体情况进行具体分析。一般情况下,如果工件的定位面和定位元件的尺寸、形状和位置都做得较准确、较光整,则过定位不但对工件加工面的位置尺寸影响不大,反而可增强加工时的刚性,这时过定位是允许的。下面针对几个具体的过定位的例子作简要分析。

如图 2-7 所示为平面定位的情况。在图 2-7(a)中,应采用 3 个支承钉,限制 $\vec{Z},\hat{X},\hat{Y}$ 3 个自由度,但却采用了 4 个支承钉,出现了过定位情况。若工件的定位面尚未经过机械加工,表面仍然粗糙,则该定位面实际上只可能与 3 个支承钉接触,究竟与哪 3 个支承钉接触,与重力、夹紧力和切削都有关,定位不稳。如果在夹紧力作用下强行使工件定位面与 4 个支承钉都接触,就只能使工件变形,产生加工误差。

为了避免上述过定位情况的发生,可将 4 个平头支承钉改为 3 个球头支承钉,重新布置 3 个球头支承钉的位置。也可将 4 个球头支承钉之一改为辅助支承。辅助支承只起支承作用而不起定位作用。

如果工件的定位面已经过机械加工,并且很平整,4 个平头支承钉顶面又准确地位于同一个平面内,则上述过定位不仅允许而且能增强支承刚度,减小工件的受力变形。这时,还可将支承钉改为支承板(图 2-7(b))。

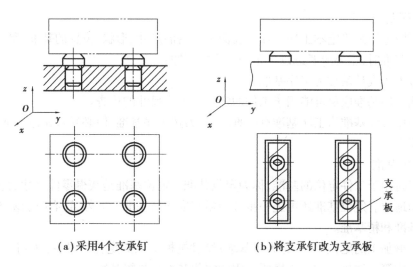

(a) 采用4个支承钉　　　　(b) 将支承钉改为支承板

图 2-7　平面定位的过定位举例

从上述定位问题的分析可知,在讨论工件定位的合理性问题时,主要应研究以下 3 个问题:

a. 研究满足工件加工面位置度要求所必须限制的自由度。

b. 从承受切削力、设置夹紧机构和提高生产率的角度,分析在不完全定位中还应限制哪些自由度。

c. 在定位方案中,是否有欠定位和过定位问题,能否允许过定位的存在。

2.2.2　基准

基准是机械制造中应用得十分广泛的一个概念,是用来确定生产对象上几何要素之间的几何关系所依据的那些点、线或面。机械产品从设计、制造到出厂经常要遇到基准问题:设计时,零件尺寸的标注、制造时工件的定位、检查时尺寸的测量以及装配时零部件的装配位置等都要用到基准的概念。

从设计和工艺两个方面看基准,基准可分为两大类,即设计基准和工艺基准。

1) 设计基准

设计者在设计零件时,根据零件在装配结构中的装配关系以及零件本身结构要素之间的相互位置关系,确定标注尺寸(或角度)的起始位置。这些尺寸(或角度)的起始位置,称为设计基准。简言之,设计图样上所采用的基准就是设计基准。设计基准可以是点,也可以是线或者面。例如,在如图 2-8 所示的阶梯轴,端面 1 和中心线 2 就是设计基准。

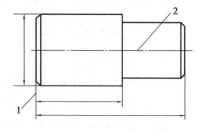

图 2-8　设计基准举例
1—端面;2—中心线

2) 工艺基准

零件在加工工艺过程中所用的基准,称为工艺基准。它可进一步分为工序基准、定位基准、测量基准及装配基准。

（1）工序基准

在工序图上用来确定本工序所加工表面加工后的尺寸、形状、位置的基准，称为工序基准。在设计工序基准时，主要应考虑以下 3 个方面的问题：

①应考虑用设计基准为工序基准。

②所选工序基准应尽可能用于工件的定位和工序尺寸的检查。

③当采用设计基准为工序基准有困难时，可另选工序基准，但必须可靠地保证零件设计尺寸的技术要求。

（2）定位基准

在加工时用于工件定位的基准，称为定位基准。定位基准是获得零件尺寸的直接基准，占有很重要的地位。定位基准还可进一步分为粗基准和精基准。另外，还有附加基准。

①粗基准和精基准。

未经机械加工的定位基准，称为粗基准；经过机械加工的定位基准，称为精基准。机械加工工艺规程中第一道机械加工工序所采用的定位基准都是粗基准。

②附加基准。

零件上根据机械加工工艺需要而专门设计的定位基准，称为附加基准。

例如，轴类零件常用顶尖孔定位，顶尖孔就是专为机械加工工艺而设计的附加基准。

（3）测量基准

在加工中或加工后用来测量工件的形状、位置和尺寸误差，测量时所采用的基准，称为测量基准。

（4）装配基准

在装配时用来确定零件或部件在产品中的相对位置所采用的基准，称为装配基准。

2.3 机械加工工艺路线的制订

制订机械加工工艺路线时，需要考虑的主要问题有：定位基准的选择，表面加工方法的选择，加工顺序的安排，热处理工艺的安排，以及辅助工序的安排。

2.3.1 定位基准的选择

1）粗基准的选择

粗基准的选择对零件的加工会产生重要的影响。下面分析一个简单的例子。

如图 2-9 所示零件的毛坯，在铸造时，毛坯孔 3 和外圆面 1 难免有偏心。加工时，如果采用不加工的外圆面 1 作为粗基准装夹工件（夹具装夹，用三爪自定心卡盘夹住外圆面 1）进行加工，则加工面 2 与不加工外圆面 1 同轴，可保证壁厚均匀，但是加工面 2 的加工余量则不均匀，如图 2-9（a）所示。

如果采用该零件的毛坯孔 3 作为粗基准装夹工件（直接找正装夹，用四爪单动卡盘夹住外圆面 1，按毛坯孔 3 找正）进行加工，则加工面 2 与该面的毛坯孔 3 同轴，加工面 2 的余量是均匀的，但是加工面 2 与不加工外圆面 1 则不同轴，即壁厚不均匀，如图 2-9（b）所示。

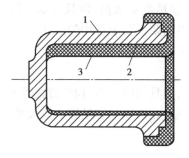
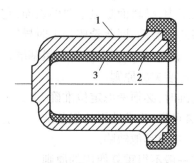

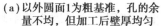

（a）以外圆面1为粗基准，孔的余　　　（b）以毛坯孔3为粗基准，孔的余
量不均，但加工后壁厚均匀　　　　　量均匀，但加工后壁厚不均

图 2-9　两种粗基准选择对比

1—外圆面;2—加工面;3—毛坯孔

由此可知,粗基准的选择将影响加工面与不加工面的相互位置,或影响加工余量的分配,并且第一道粗加工工序首先要遇到粗基准选择问题。因此,正确选择粗基准对保证产品质量有重要影响。

在选择粗基准时,一般应遵循下列原则:

①保证相互位置要求的原则。

如果必须保证工件上加工面与不加工面的相互位置要求,则应以不加工面作为粗基准。例如,如图 2-9 所示的零件,一般要求壁厚均匀,因而图 2-9(a)的选择是正确的。又如,如图 2-10(a)所示的拨杆,虽然不加工面很多,但由于要求 ϕ 22H9 孔与 ϕ 40 mm 外圆同轴,因此,在钻 ϕ 22H9 孔时,应选择 ϕ 40 mm 外圆作为粗基准,利用三爪自定心夹紧机构,使 ϕ 40 mm 外圆与钻孔中心同轴(图 2-10(b))。

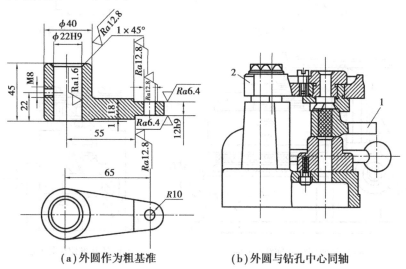

（a）外圆作为粗基准　　　　　　　（b）外圆与钻孔中心同轴

图 2-10　粗基准的选择

1—拨杆;2—钻模

②保证加工表面加工余量合理分配的原则。

如果必须首先保证工件某重要表面的余量均匀,应选择该表面的毛坯面为粗基准。例如,

21

在车床床身加工中,导轨面是最重要的表面,它不仅精度要求高,而且要求导轨面有均匀的金相组织和较高的耐磨性,因此希望加工时导轨面去除余量要小且均匀。此时,应以导轨面为粗基准,首先加工底面,然后再以底面为粗基准,加工导轨面。

③便于工件装夹的原则。

选择粗基准时,必须考虑定位准确、夹紧可靠、夹具结构简单、操作方便等问题。为了保证定位准确,夹紧可靠,要求选用的粗基准尽可能平整、光洁以及有足够大的尺寸,不允许有锻造飞边、铸造浇冒口或其他缺陷。

④粗基准一般不得重复使用的原则。

如果能使用精基准定位,则粗基准一般不应被重复使用。这是因为若毛坯的定位面很粗糙,在两次装夹中重复使用同一粗基准,就会造成相当大的定位误差(有时可达几毫米)。例如,如图 2-11 所示的零件,其内孔、端面及 3-φ7 mm 孔都需要加工,如果按如图 2-11(b)、(c)所示的工艺方案,即第一道工序以 φ30 mm 外圆为粗基准车端面、镗孔;第二道工序仍以 φ30 mm 外圆为粗基准钻 3-φ7 mm 孔,这样就可能使钻出的孔与内孔 φ16H7 偏移 2～3 mm。如图 2-11(d)所示的工艺方案则是正确的,其第二道工序是用第一道工序已加工出来的内孔和端面作精基准,能较好地解决了图 2-11(b)、(c)工艺方案产生的偏移问题。

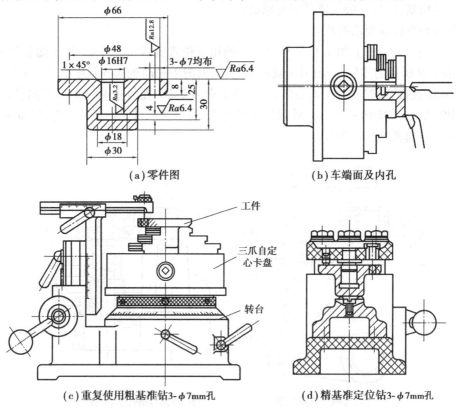

(a)零件图　　　　　　　　　　(b)车端面及内孔

(c)重复使用粗基准钻3-φ7mm孔　　　　(d)精基准定位钻3-φ7mm孔

图 2-11　重复使用粗基准的错误实例及其改进方案

2)精基准的选择

选择精基准时,要考虑的主要问题是如何保证设计技术要求的实现,以及装夹准确、可靠、方便。为此,一般应遵循以下 5 条原则:

①基准重合原则。

应尽可能选择被加工表面的设计基准为精基准,称为基准重合原则。

在对加工面位置尺寸有决定作用的工序中,特别是当位置公差要求很小时,一般不应违反这一原则。因为违反了这一原则就必然会产生基准不重合误差,增大加工难度。

②统一基准原则。

当工件以某一精基准定位,可较方便地加工大多数(或所有)其他表面,则应尽早地把这个基准面加工出来,并达到一定精度,以后工序均以它为精基准加工其他表面。这称为统一基准原则。

采用统一基准原则可简化夹具设计,可减少工件搬动和翻转次数,在自动化生产中有广泛应用。应当指出,统一基准原则通常会带来基准不重合的问题。在这种情况下,要针对具体问题进行认真分析,在可满足设计要求的前提下,决定最终选择的精基准。

③互为基准原则。

某些位置度要求很高的表面,通常采用互为基准反复加工的办法来达到位置度要求,称为互为基准的原则。

例如,车床主轴前后支承轴颈与前锥孔有严格的同轴度要求,为了达到这一要求,工艺上一般都遵循互为基准的原则。以支承轴颈定位加工锥孔,又以锥孔定位加工支承轴颈,从粗加工到精加工,经过几次反复,最后以前后支承轴颈定位精磨前锥孔。

④自为基准原则。

旨在减小表面粗糙度,减小加工余量和保证加工余量均匀的工序,常以加工面本身为基准进行加工,称为自为基准原则。

例如,如图 2-12 所示的床身导轨面的磨削工序,用固定在磨头上的百分表 3,找正工件上的导轨面。当工作台纵向移动时,调整工件 1 下部的 4 个楔铁 2,使百分表的指针基本不动为止,夹紧工件,加工导轨面,即以导轨面自身为基准进行加工。工件下面的 4 个楔铁中有 2 个起支承作用。还可举出其他一些例子,如拉孔、推孔、珩磨孔、铰孔、浮动镗刀块镗孔等都是自为基准加工的典型例子。

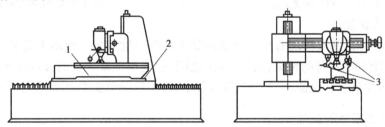

图 2-12　床身导轨面自为基准定位
1—工件;2—楔铁(调整用);3—百分表(找正用)

⑤便于装夹原则。

所选择的精基准应能保证定位准确、可靠,夹紧机构简单,操作方便,称为便于装夹原则。

2.3.2 加工经济精度与加工方法的选择

1）加工经济精度

生产中加工精度的高低是用其可控制的加工误差的大小来表示的。加工误差小，则加工精度高；加工误差大，则加工精度低。统计资料表明，加工误差和加工成本之间呈反比例关系，如图 2-13 所示。其中，δ 表示加工误差，S 表示加工成本。可知，对于一种加工方法来说，加工误差小到一定程度（如曲线中 A 点的左侧），加工成本提高很多，加工误差却降低很少；加工误差大到一定程度后（如曲线中 B 点的右侧），即使加工误差增大很多，加工成本却降低很少。说明一种加工方法在 A 点的左侧或

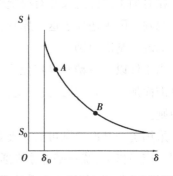

图 2-13 加工误差与加工成本的关系

B 点的右侧应用都是不经济的。例如，在表面粗糙度小于 $Ra0.4\ \mu m$ 的外圆加工中，通常多用磨削加工方法而不用车削加工方法，因为车削加工方法不经济。但是，对表面粗糙度为 $Ra25\sim1.6\ \mu m$ 的外圆加工中，则多用车削加工方法而不用磨削加工方法，因为这时车削加工方法又是经济的了。实际上，每种加工方法都有一个加工经济精度问题。

所谓加工经济精度，是指在正常加工条件下（采用符合质量标准的设备、工艺装备和标准技术等级的工人，不延长加工时间）所能保证的加工精度和表面粗糙度。

2）加工方法的选择

一般情况下，根据零件的精度（包括尺寸精度、形状精度、位置精度及表面粗糙度）要求，考虑本车间（或本厂）现有工艺条件，考虑加工经济精度的因素选择加工方法。有关各种加工方法的加工经济精度和表面粗糙度，可参考《机械制造工艺学》等资料。

在选择加工方法时，应考虑的主要问题有：

①所选择的加工方法能否达到零件精度的要求。

②零件材料的可加工性能如何。例如，有色金属宜采用切削加工方法，不宜采用磨削加工方法，因为有色金属易堵塞砂轮工作面。

③生产率对加工方法有无特殊要求。例如，为满足大批大量生产的需要，齿轮内孔通常多采用拉削加工方法加工。

④本企业的工艺能力和现有加工设备的加工经济精度如何。技术人员必须熟悉本车间（或本企业）现有加工设备的种类、数量、加工范围、精度水平及工人的技术水平，以充分利用现有资源，不断地对原有设备、工艺装备进行技术改造，挖掘企业潜力，创造经济效益。

2.3.3 加工顺序的安排

复杂工件的机械加工工艺路线中要经过切削加工、热处理和辅助工序。因此，在拟订工艺路线时，工艺人员要全面地把切削加工、热处理和辅助工序三者一起加以考虑。现分别阐述如下：

1）机械加工工序的安排原则

（1）先加工基准面

选为精基准的表面应安排在起始工序前进行加工，以便尽快为后续工序的加工提供精

基准。

（2）划分加工阶段

工件的加工质量要求较高时，都应划分阶段。一般可分为粗加工、半精加工和精加工 3 个阶段。加工精度和表面质量要求特别高时，还可增设光整加工和超精密加工阶段。

①各加工阶段的主要任务。

a.粗加工阶段是从坯料上切除较多余量，所能达到的精度和表面质量都较低的加工过程。

b.半精加工阶段是在粗加工和精加工之间所进行的切削加工过程。

c.精加工阶段是从工件上切除较少余量，所得精度和表面质量都较高的加工过程。

d.光整加工阶段是精加工后，从工件上不切除或切除极薄金属层，以获得光洁表面或强化其表面的加工过程。一般不用来提高位置精度。

e.超精密加工阶段是按照超稳定、超微量切除等原则，实现加工尺寸误差和形状误差在 0.1 μm 以下的加工技术。

②划分加工阶段的原因。

a.保证加工质量。工件加工划分阶段后，因粗加工的加工余量大、切削力大等因素造成的加工误差，可通过半精加工和精加工逐步得到纠正，以保证加工质量。

b.有利于合理使用设备。粗加工要求使用功率大、刚性好、生产率高、精度要求不高的设备，精加工则要求使用精度高的设备。划分加工阶段后，就可充分发挥粗、精加工设备的特点，避免以精干粗，做到合理使用设备。

c.便于安排热处理工序，使冷、热加工工序配合得更好。例如，粗加工后工件残余应力大，可安排时效处理，消除残余应力；热处理引起的变形又可在精加工中消除。

d.便于及时发现毛坯缺陷。毛坯的各种缺陷如气孔、砂眼和加工余量不足，在粗加工后即可发现，便于及时修补或决定报废，以避免继续加工后造成工时和费用的浪费。

e.精加工、光整加工安排在后，可保护精加工和光整加工过的表面少受磕碰损坏。

应当指出，划分加工阶段是对整个工艺过程而言的，因此，应以工件的主要加工面来分析，不应以个别表面（或次要表面）和个别工序来判断，并视具体情况加以灵活应用。

（3）先面后孔

对箱体、支架和连杆等工件，应先加工平面后加工孔。这是因为平面的轮廓平整，安放和定位较稳定可靠，若先加工好平面，就能以平面定位加工孔，保证平面和孔的位置精度。此外，因平面先加工好，故给平面上的孔加工也带来方便，使刀具的初始切削条件能得到改善。

（4）次要表面可穿插在各阶段间进行加工

次要表面一般加工量都较少，加工较方便。若把次要表面的加工穿插在各加工阶段之间进行，就能使加工阶段更明显，又增加了阶段间的间隔时间，便于工件有足够时间让残余应力重新分布并引起变形，以便在后续工序中纠正其变形。

综上所述，一般机械加工的顺序是：加工精基准—粗加工主要面—精加工主要面—光整加工主要面—超精密加工主要面。次要表面的加工穿插在各阶段之间进行。

2）热处理工序的安排

热处理是用于提高材料的力学性能、改善金属的加工性能以及消除残余应力。制订工艺规程时，由工艺人员根据设计和工艺要求全面考虑热处理工序的安排。

（1）最终热处理

最终热处理的目的是提高力学性能,如调质、淬火、渗碳淬火、液体碳氮共渗及渗氮都属最终热处理,应安排在精加工前后。变形较大的热处理,如渗碳淬火应安排在精加工磨削前进行,以便在精加工磨削时纠正热处理的变形,调质也应安排在精加工前进行。变形较小的热处理,如渗氮等,应安排在精加工后。

表面装饰性镀层和发蓝处理,一般都安排在机械加工完毕后进行。

（2）预备热处理

预备热处理的目的是改善加工性能,为最终热处理做好准备和消除残余应力,如正火、退火和时效处理。它应安排在粗加工前后和需要消除应力处。放在粗加工前,可改善粗加工时材料的加工性能,并可减少车间之间的运输工作量;放在粗加工后,有利于粗加工后残余应力的消除。调质处理能得到组织均匀细致的回火索氏体,有时也作为预备热处理,通常安排在粗加工后。

3）辅助工序的安排

辅助工序的种类较多,包括检验、去毛刺、倒棱、清洗、防锈、去磁及平衡等。辅助工序也是必要的工序,若安排不当或遗漏,将会给后续工序和装配带来困难,影响产品质量,甚至使机器不能使用。

检验工序更是必不可少的工序。它对保证质量、防止产生废品起到重要的作用。除了工序中自检外,需要在下列场合单独安排检验工序:

①粗加工阶段结束后。

②重要工序前后。

③送往外车间加工的前后,如热处理工序前后。

④全部加工工序完成后。

4）确定工序集中与分散的程度

工序集中与工序分散是拟订工艺路线时确定工序数目（或工序内容多少）的两种不同的原则。它们与设备类型的选择有密切的关系。

（1）工序集中和工序分散的概念

工序集中是将工件的加工集中在少数几道工序内完成。每道工序的加工内容较多。工序集中可采用技术上的措施集中,称为机械集中,如多刃、多刀和多轴机床、自动机床、数控机床、以及加工中心等;也可采用人为的组织措施集中,称为组织集中,如卧式车床的顺序加工。

工序分散是将工件的加工分散在较多的工序内进行。每道工序的加工内容很少,最少时即每道工序仅一个简单工步。

（2）工序集中和工序分散的特点

①工序集中的特点。

a.采用高效专用设备及工艺装备,生产率高。

b.工件装夹次数减少。易于保证表面间位置精度,还能减少工序间运输量,缩短生产周期。

c.工序数目少,可减少机床数量、操作工人数和生产面积,还可简化生产计划和生产组织工作（本特点也适用于组织集中）。

d.因采用结构复杂的专用设备及工艺装备,造成投资大,调整和维修复杂,生产准备工作量大,转换新产品较费时。

②工序分散的特点。

a.设备及工艺装备较简单,调整和维修方便,工人容易掌握,生产准备工作量少,又易于平衡工序时间,易适应产品更换。

b.可采用最合理的切削用量,减少基本时间。

c.设备数量多,操作工人多,占用生产面积也大。

(3)工序集中与工序分散的选用

单件小批生产采用组织集中,以便简化生产组织工作。大批大量生产可采用较复杂的机械集中,如多刀、多轴机床、各种高效组合机床和自动机加工;对一些结构较简单的产品,如轴承生产,也可采用工序分散的原则。成批生产应尽可能采用效率较高的机床,如转塔车床、多刀半自动车床和数控机床等,使工序适当集中。

5)设备与工艺装备的选择

(1)设备的选择

确定了工序集中或工序分散的原则后,基本上也就确定了设备的类型。如采用机械集中,则选用高效自动加工的设备,多刀、多轴机床;若采用组织集中,则选用通用设备;若采用工序分散,则加工设备可较简单。此外,选择设备时,还应考虑:

①机床精度与工件精度相适应。

②机床规格与工件的外形尺寸相适应。

③与现有加工条件相适应,如设备负荷的平衡状况。如果没有现成设备供选用,经过方案的技术经济分析后,也可提出专用设备的设计任务书或改装旧设备。

(2)工艺装备的选择

工艺装备选择得合理与否,将直接影响工件的加工精度、生产效率和经济性。应根据生产类型、具体加工条件、工件结构特点和技术要求等,选择工艺装备。

①夹具的选择。

单件小批生产首先采用各种通用夹具和机床附件,如卡盘、机床用平口虎钳、分度头。有组合夹具的,可采用组合夹具。对中大批和大量生产,为提高劳动生产率而采用专用高效夹具。中小批生产应用成组技术时,可采用可调夹具和成组夹具。

②刀具的选择。

一般优先采用标准刀具。若采用机械集中,则应采用各种高效的专用刀具、复合刀具和多刃刀具等。刀具的类型、规格和精度等级应符合加工要求。

③量具的选择。

单件小批生产应广泛采用通用量具,如游标卡尺、百分表和千分尺。大批大量生产应采用极限量块和高效的专用检验夹具和量仪等,量具的精度必须与加工精度相适应。

2.4 机床夹具设计

夹具是机械加工中用于装夹工件的工艺装备。其主要功能是实现工件的定位和夹紧,使工件加工时相对于机床、刀具有正确的位置,从而达到保证加工精度、提高劳动生产率、改善工人劳动条件与降低生产成本等目的。

夹具种类繁多。按其使用范围和特点,可分为通用夹具、专用夹具、组合夹具及可调夹具;按所使用的机床,可分为车床夹具、铣床夹具、钻床夹具、镗床夹具及其他机床夹具。

由连杆铣槽用的铣床夹具可知,机床夹具主要由定位元件或装置(夹具底板、圆柱销和菱形销)、刀具导向元件或装置(对刀块)、夹紧元件或装置(压板、螺母和螺栓)、联接元件(定位键和夹具底板等)及夹具体(夹具底板)等组成。

2.4.1 工件在夹具中的定位及夹紧

1)常用定位方法与定位元件

(1)工件以平面定位

平面定位的主要形式是支承定位。夹具上常用的支承元件如下:

①固定支承。

固定支承有支承钉和支承板两种,如图 2-14 所示。在使用过程中,它们都是固定不动的。其中,A 型多用于精基准面的定位,B 型多用于粗基准面的定位,C 型多用于工件侧面的定位。

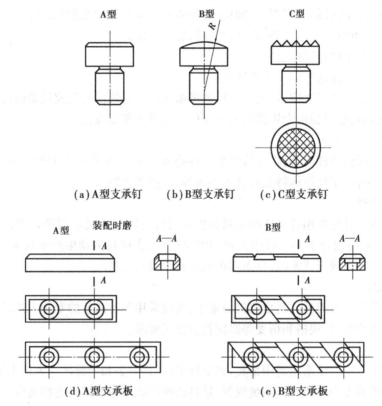

(a)A型支承钉　　(b)B型支承钉　　(c)C型支承钉

(d)A型支承板　　　　　(e)B型支承板

图 2-14　支承钉与支承板

②可调支承。

支承点位置可调整的支承,称为可调支承。如图 2-15 所示为常见的可调支承。在工件定位表面不规整或工件批次之间毛坯的尺寸变化范围较大时,常使用可调支承。

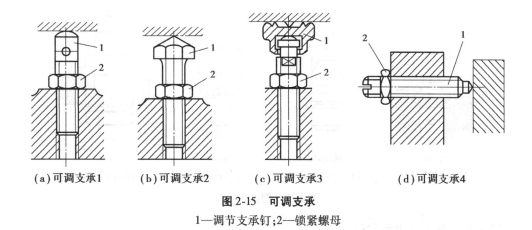

(a) 可调支承1　　(b) 可调支承2　　(c) 可调支承3　　　(d) 可调支承4

图 2-15　可调支承

1—调节支承钉;2—锁紧螺母

③辅助支承。

辅助支承是在工件定位后才参与支承的元件。只是用来提高工件装夹的稳定性与装夹刚度的,不起定位作用。

④自位支承。

在工件定位过程中,能自动调整位置的支承,称为自位支承,或称浮动支承。如图 2-16 所示为常见的自位支承形式。自位支承一般仅起一个自由度的定位作用。其工作特点是支承点的位置能随着工件定位基面的位置不同而自动调节,定位基面压下其中一点,其余点便上升,直至各点都与工件接触。因接触点增多了,故能提高工件装夹的刚度与稳定性。

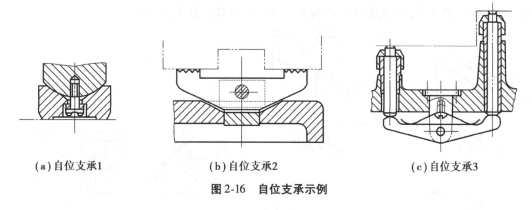

(a) 自位支承1　　　　(b) 自位支承2　　　　(c) 自位支承3

图 2-16　自位支承示例

(2)工件以圆柱表面定位

工件以圆柱孔内表面定位大都属于定心定位,夹具上相应的定位元件是心轴和定位销。

①定位销。

如图 2-17 所示圆柱定位销。其工作部分的直径 d 通常根据加工要求和便于装夹,按 g5,g6、f6 或 f7 制造。定位销与夹具体的联接可采用过盈配合,如图 2-17 (a)、(b)、(c)所示;也可采用间隙配合,如图 2-17(d)所示。有时,也采用圆锥销、菱形销定位。

②心轴。

通常采用刚性心轴并通过孔与心轴接触表面的弹性变形来夹紧工件,以实现定位。

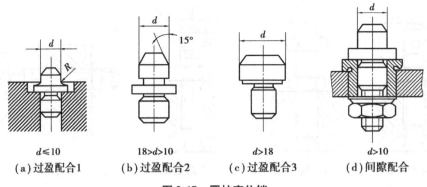

图 2-17　圆柱定位销

（3）工件以外圆柱表面定位

工件以外圆柱表面作为定位基面时，常用的定位元件有 V 形块、定位套和半圆套。

V 形块的定位优点是对中性好，不论是完整的圆柱面还是局部圆弧面都可采用 V 形块定位，并且安装方便。

如图 2-18 所示为 V 形块的常用结构。图 2-18（a）用于较短的精基准定位；图 2-18（b）用于较长的轴的粗基准（或阶梯轴）的定位；图 2-18（c）用于两段精基准面相距较远的场合。若定位元件直径与长度较大，其 V 形块不必做成整体钢件，而采用铸铁底座镶淬火钢垫的形式，如图 2-18（d）所示。

V 形块上两斜面之间的夹角 α，一般选用 60°，90°，120°。以 90°应用最广泛且已标准化。设计非标准 V 形块时，可参照图 2-19 有关尺寸进行计算。其主要参数有：

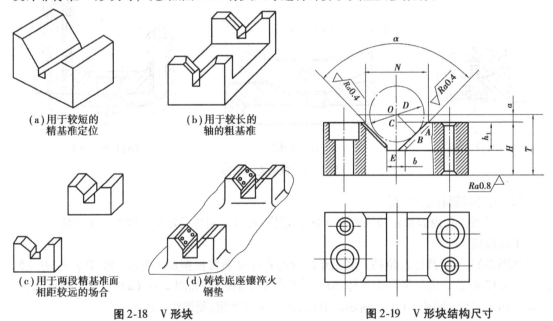

图 2-18　V 形块　　　　图 2-19　V 形块结构尺寸

D——V 形块的设计心轴直径。D 为工件或检验心轴直径的平均尺寸，其轴线是 V 形块的限位基准；

α——V 形块两限位基面间的夹角；

H——V 形块的高度；

T——V 形块的定位高度，即 V 形块的限位基准至 V 形块底面的距离；

N——V 形块的开口尺寸。

当 $\alpha=90°$ 时，$T=H+0.707D-0.5N$。

（4）其他表面定位方式

工件除了以平面、圆柱孔和外圆柱表面定位外，有时也以其他表面定位。如图 2-20 所示为锥孔定位，锥度心轴限制了工件除绕自身轴线转动之外的 5 个自由度。

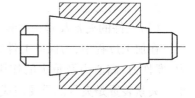

图 2-20　工件在锥度心轴上定位

（5）工件以组合表面定位

上述定位方式，均是以单一的几何表面作为定位基准的。但实际上，一般工件是很少以单一几何要素作为基准来定位的，通常都是以两个或两个以上的几何要素作为定位基准的，即以表面组合定位。如用一个孔和一个端面，一个平面及其上的两个孔，一个外圆和一个端面，阶梯轴两个外圆和一个端面定位。如图 2-21 所示，工件以一个平面及其上的两孔定位，通常称为一面两孔定位。此种定位方式，在汽车、拖拉机的箱体类零件加工中是常见的组合定位方式，如变速器壳体、发动机缸体、减速器壳体以及一些杆类零件的定位。在夹具上，相应地用一个支承面和两个短销作为定位元件，与相应的表面接触和配合实现定位，通常简称一面两销定位。

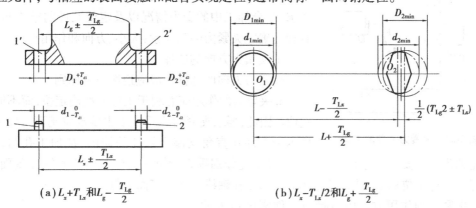

$(a) L_x+T_{Lx}$和$L_g-\dfrac{T_{Lg}}{2}$　　　　$(b) L_x-T_{Lx}/2$和$L_g+\dfrac{T_{Lg}}{2}$

图 2-21　工件以一面两孔定位

如图 2-21 所示，定位时短销 1 与孔 1'，短销 2 与孔 2'的最小配合间隙分别为 X_1 和 X_2。这时，支承平面限制了 $\vec{Z}$、$\vec{X}$、$\vec{Y}$ 3 个自由度。其中一个短销限制了 $\vec{X}$、$\vec{Z}$ 两个自由度；另一个短销限制了 $\vec{X}$、$\vec{Y}$ 两个自由度。这样，$\vec{X}$ 自由度被两个短定位销同时限制了，出现了过定位，并且在两孔和两销间的中心距都存在的较大的误差时，若短销 1 套人孔 1'内之后，短销 2 与孔 2'就很可能套不进去，从而发生干涉现象。有可能出现的定位干涉的最危险的两种情况是：$L_x+T_{Lx}/2$ 和 $L_g-T_{Lg}/2$ 或 $L_x-T_{Lx}/2$ 和 $L_g+T_{Lg}/2$，如图 2-21（b）所示为后一种情况。为解决这一矛盾，应将短销 2（d_2）变成菱形销。使短销 1 与孔 1'轴线重合，菱形销 d_2 与 D_2 配合的最小间隙值为

$$X_2=\frac{b(T_{Lg}+T_{Lx})}{D_2}$$

式中　$b\approx\dfrac{XD}{T_{Lg}+T_{Lx}}$；

X——双面最小间隙值。

设计时,取工件上两孔中心距的基本尺寸为两定位销中心距的基本尺寸,其公差取工件孔中心距公差的 1/5～1/3。定位销直径取相应孔的最小直径为其基本尺寸,其公差一般取 g6 或 f7。

2)工件的夹紧

(1)工件的夹紧及对夹紧装置的基本要求

在加工过程中,为保证工件定位时所确定的正确加工位置和安全生产,防止工件在切削力、惯性力、离心力及重力的作用下发生位移和振动,机床夹具设有夹紧装置,将工件压紧夹牢。夹紧装置是夹具的重要组成部分。在设定夹紧装置时,应满足以下基本要求:

①夹紧过程中,应能保证工件定位时已获得的正确位置。

②夹紧应可靠并适当。夹紧机构一般要有自锁作用,保证工件在加工过程中的位置稳定不变,振动小,又不能使工件产生夹紧变形和表面损伤。

③夹紧装置的操作应方便、安全、省力。

④夹紧自动化和复杂程度应与生产类型相适应。其结构应力求简单、紧凑,尽可能采用标准化元件。

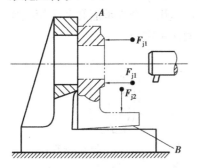

图 2-22　夹紧力方向的选择

(2)夹紧力的确定

设计夹紧机构时,首要的是依据工件的结构特点、加工要求,结合加工中的受力情况以及定位元件的结构与布置,合理地确定夹紧力的三要素:大小、方向和作用点。

①夹紧力方向的选择。

夹紧力方向的选择一般应遵循下列原则:

a. 夹紧力的作用应有利于工件的准确定位,而不能破坏定位。因此,要求夹紧力应垂直于主要定位基面。如图 2-22 所示为工件在直角支座上镗孔的简图,被加工孔与端面 A 有一定的垂直度要求。这时,夹紧力 F_{j1},F_{j2} 应分别垂直于第一定位基面 A 和第二基面 B,则既能保证工件定位稳定可靠,又能保证被加工孔轴线与支座底面平行。

b. 夹紧力的作用方向应尽量与工件刚度最大的方向相一致,以减小工件变形。如图 2-23 所示的薄壁套筒工件,其轴向刚度比径向刚度大。如图 2-23(a)所示,用三爪自动定心卡盘径向夹紧套筒将使工作产生较大的变形。若改成如图 2-23(b)所示的形式,用螺母轴向夹紧工件则不易产生变形。

c. 夹紧力的作用方向应尽可能与切削力、工件重力方向一致,以减小所需夹紧力。

②夹紧力作用点的选择。

夹紧力作用点是指夹紧时夹紧元件与工件表面的接触位置。它对工件夹紧的稳定性和变形有很大的影响。选择夹紧力作用点时,可考虑以下 3 点:

a. 夹紧力应落在支承元件或几个支承元件所构成的支承面内。如图 2-24(a)所示,夹紧

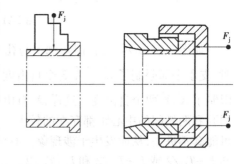

(a)用三爪自动定心卡盘径向夹紧套筒　　(b)用螺母轴向夹紧工件

图 2-23　薄壁套筒的夹紧

力作用在支承面之外,会使工件倾斜或变形;图 2-24(b)是合理的。

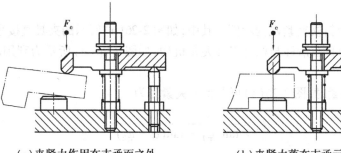

(a)夹紧力作用在支承面之外　　　　　　(b)夹紧力落在支承元件内

图 2-24　夹紧力作用点应落在支承元件上

b. 夹紧力应落在工件刚性较好的部位上。这对刚性较差的工件尤为重要。如图 2-25 所示,夹紧力作用点由中间的单点改为对称的两侧的两点,既可避免工件变形,又使夹紧较为牢靠。

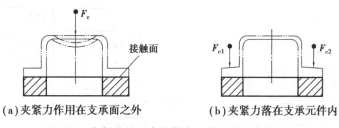

(a)夹紧力作用在支承面之外　　　　　　(b)夹紧力落在支承元件内

图 2-25　夹紧力作用点应落在工件刚性强的部位上

c. 夹紧力作用点应尽可能靠近被加工表面,可增加夹紧的可靠性,并防止和减少工件的振动。

③夹紧力大小的估算。

夹紧力的大小对工件装夹的可靠性,工件和夹具的变形,以及装夹装置的复杂程度等都有很大的影响。因此,在夹紧力作用点和方向确定以后,还需要合理地确定夹紧力的大小。目前,在设计夹紧装置时,通常采用以下两种方法来确定所需的夹紧力:一是根据同类夹具的实际使用情况用类比法进行估算;二是根据加工情况,确定出工件在加工过程中对夹紧最不利的瞬时状态,再将此时工件所受的各种外力看成静力,并用静力平衡原理列出夹紧力的计算方程,计算出所需夹紧力。由于切削加工过程中,所加工的工件状态各异,工件受力平衡条件中的那些作用力在平衡力系中所起的作用并不相同,再加上切削工具不断地磨损,工件在高速运动时离心力与惯性力对夹紧的影响等因素,要把夹紧力计算得很准确,在目前情况下还不大可能。因此,为确保夹紧安全可靠,往往将按静力平衡原理求出的夹紧力 F_c 再乘以安全系数 K 作为实际所需要的夹紧力 F_c',即

$$F_c' = KF_c$$

式中　K——考虑切削力动态变化和工艺系统变形等因素的安全系数。粗加工时,取 $K = 2.5 \sim 3$;精加工时,取 $K = 1.5 \sim 2$。

2.4.2　常用典型夹紧机构

在确定了夹紧力的大小、方向和作用点后,需要具体设计和选用夹紧装置,以实现夹紧方

案。下面介绍常用的典型夹紧机构的结构、作用原理和应用范围。

1) 斜楔夹紧机构

如图 2-26 所示为斜楔夹紧机构示例。其中,如图 2-26(a)所示的夹具直接采用斜楔夹紧,如图 2-26(b)所示为斜楔、滑柱与杠杆组合夹紧机构,如图 2-26(c)所示为利用斜楔原理的自动夹紧的心轴。

直接采用斜楔夹紧时,图 2-26(a)可获得的夹紧力为

$$F_j = \frac{F_s}{\tan\varphi_1 + \tan(\alpha + \varphi_2)}$$

式中　F_j——可获得夹紧力,N;

　　　F_s——作用于斜楔上的原始外力,N;

　　　φ_1——斜楔与工件之间的摩擦角,(°);

　　　φ_2——斜楔与夹具体之间的摩擦角,(°);

　　　α——斜楔的楔角,(°)。

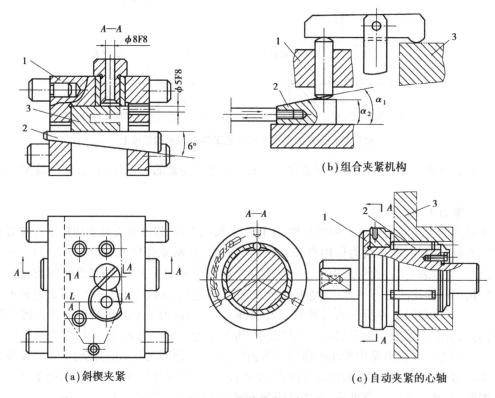

图 2-26　斜楔夹紧机构
1—夹具体;2—斜楔;3—工件

斜楔的自锁条件为

$$\alpha \leqslant \varphi_1 + \varphi_2$$

斜楔夹紧机构还具有增力作用。夹紧力与原始外力之比,称为扩力比 i_c。对斜楔夹紧机构,扩力比 $i_c \approx 3$。

2）螺旋夹紧机构

如图 2-27 所示为简单的螺旋夹紧机构。其中，图 2-27（a）为螺钉夹紧，图 2-27（b）为螺母夹紧，图 2-27（c）为螺旋杠杆夹紧，图 2-27（d）为钩形压板夹紧。

螺旋可视为绕在圆柱体上的斜楔，故从斜楔的夹紧力计算公式中可直接导出螺旋夹紧力的计算公式为

$$F_j = \frac{F_s L}{\frac{d_0}{2}\tan(\alpha + \varphi_1') + r'\tan\varphi_2'}$$

式中　F_j——沿螺旋轴线作用的夹紧力，N；

　　　　F_s——作用在扳手上的力，N；

　　　　L——作用力的力臂，mm；

　　　　d_0——螺旋中径，mm；

　　　　α——螺旋升角，（°）；

　　　　φ_1'——螺旋副的当量摩擦角，（°）；

　　　　φ_2'——螺杆（或螺母）与工件（或压块）的摩擦角，（°）；

　　　　r'——螺杆（或螺母）与工件（或压块）的当量摩擦半径，mm。

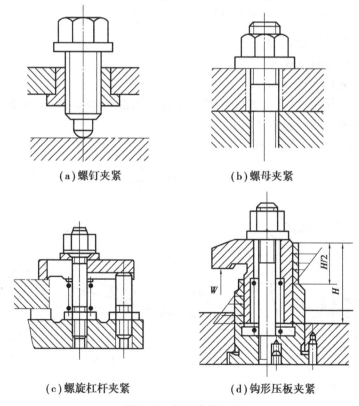

（a）螺钉夹紧　　　　　　　　　　（b）螺母夹紧

（c）螺旋杠杆夹紧　　　　　　　　（d）钩形压板夹紧

图 2-27　螺旋夹紧示例

螺旋夹紧机械是扩力较大的扩力机构。一般扩力比可达 $i_c = 60 \sim 100$。

3）偏心夹紧机构

如图 2-28 所示为简单的偏心夹紧机构。其中，图 2-28（a）是直接利用偏心轮夹紧工件，图

2-28(b)和图 2-28(c)为偏心压板夹紧机构。

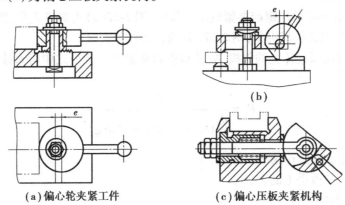

（a）偏心轮夹紧工件　　　　（c）偏心压板夹紧机构

图 2-28　偏心夹紧机构

偏心夹紧机构靠偏心轮回转时回转半径变大而产生夹紧作用。其原理与斜楔工作时斜面高度由小变大而产生的斜楔作用一样。实际上,可将偏心轮当成一楔角变化的斜楔。将如图 2-29(a)所示的圆偏心轮展开,可得到如图 2-29(b)所示的图形。其楔角可计算为

$$\alpha = \arctan\left(\frac{e \sin \gamma}{R - e \cos \gamma}\right)$$

式中　α——偏心轮的楔角,(°);

　　　e——偏心轮的偏心量,mm;

　　　R——偏心轮的半径,mm;

　　　γ——偏心轮作用点(图 2-29(a)中的 X 点)与起始点(图 2-29(a)中的 D 点)之间的圆弧所对应的圆心角,(°)。

当 $\gamma = 90°$ 时,α 接近最大值,即

$$\alpha_{\max} \approx \arctan\left(\frac{e}{R}\right)$$

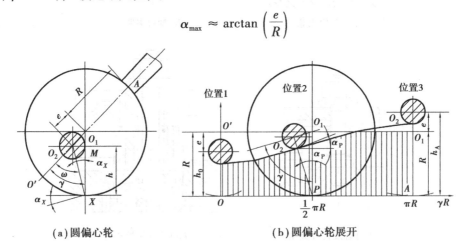

（a）圆偏心轮　　　　　　（b）圆偏心轮展开

图 2-29　偏心夹紧工作原理

根据斜楔自锁条件:$\alpha \leqslant \varphi_1 + \varphi_2$,此处 φ_1 和 φ_2 分别为轮周作用点处与转轴处的摩擦角。忽略转轴处的摩擦,并考虑最不利的情况,可得到偏心夹紧的自锁条件为

$$\frac{e}{R} \leqslant \tan \varphi_1 = \mu_1$$

式中　μ_1——轮周作用点处的摩擦系数。

偏心夹紧的夹紧力可估算为

$$F_j = \frac{F_s L}{\rho [\tan(\alpha + \varphi_2) + \tan \varphi_1]}$$

式中　F_j——夹紧力, N;

　　　F_s——作用在手柄上的原始外力, N;

　　　L——作用力臂, mm;

　　　ρ——偏心转动中心到作用点之间的距离, mm;

　　　α——偏心轮楔角, (°);

　　　φ_1——轮周作用点处摩擦角, (°);

　　　φ_2——转轴处摩擦角, (°)。

偏心夹紧的优点是结构简单, 操作较方便; 其缺点是自锁性能较差, 扩力比较小。它常用于切削平稳且切削力不大的场合。圆偏心轮设计时, 首先确定夹紧行程 h, 再根据 h 确定偏心量 e, 通常取 $e = 1.3 \sim 7$ mm; 其次按自锁条件, 选定偏心轮直径 D, 并进行夹紧力验算。

4) 定心夹紧机构

定心夹紧机构是一种同时实现对工件定心定位和夹紧的夹紧机构, 即在夹紧过程中, 能使工件相对于某一轴线或某一对称面保持对称性。定心夹紧机构按其工作原理, 可分为以下两大类:

(1) 以等速移动原理工作的定心夹紧机构

此类定心夹紧机构有斜楔定心夹紧机构、螺旋定心夹紧机构和杠杆定心夹紧机构等。如图 2-30 所示为斜楔式定心夹紧心轴。拧动螺母 2 时, 由于斜面 A, B 的作用, 使两组活块 1 同时等距外伸, 直至每组 3 个活块与工件孔壁接触, 使工件得到定心夹紧。反向拧动螺母, 在弹簧力的作用下, 活块缩回, 工件被松开。

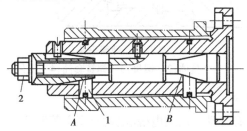

图 2-30　斜楔夹紧心轴
1—活块; 2—螺母

如图 2-31 所示为一螺旋定心夹紧机构。螺杆 3 的两端分别有螺距相等的左右螺纹, 转动螺杆, 通过左右螺纹带动两个 V 形块 1 和 2 同步向中心移动, 从而实现工件的定心夹紧。叉形件 7 可用来调整对称中心的位置。

(2) 以均匀弹性变形原理工作的定心夹紧机构

例如, 弹簧夹头、薄膜卡盘、液塑定心夹紧机构, 碟形弹簧定心夹紧机构, 以及折纹薄壁套定心夹紧机构等。如图 2-32 所示为常用的弹簧夹头结构。其中, 件 3 为夹紧元件——弹簧套筒,它是一个带锥面的薄壁弹性套,带锥面的一端开有3个或4个轴向槽。它有3个基本部分:一是夹爪A;二是包括夹爪在内的弹性部分B,称为簧瓣;三是导向部分C。拧紧螺母2,在斜面的作用下,夹爪收缩,将工件定心夹紧;松开螺母2,夹爪弹性恢复,工件松开。弹簧夹头结构简单,定心精度可达0.04~0.1 mm。由于弹簧套筒变形量不宜过大,因此,对工件的定位基准面有一定精度要求,其公差应控制在0.5 mm以内。

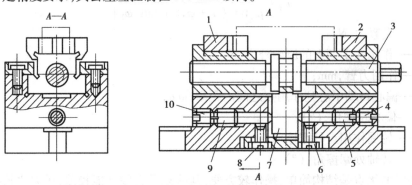

图 2-31 螺旋定心夹紧机构
1,2—V形块;3—螺杆;4,5,6—螺钉;7—叉形件;8,9,10—螺钉

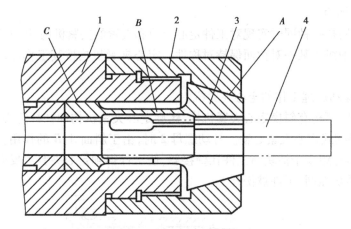

图 2-32 弹簧夹头
1—夹具体;2—螺母;3—弹簧套筒;4—工件

5)夹紧机构的动力装置

夹紧机构的动力装置有气动、液压、电磁、电动及真空等装置。其中,使用最广的是气动与液压动力装置。设计时,可参考《机床夹具设计》《机床夹具设计图册》等资料。

2.4.3 典型机床夹具

在机械加工中,使用的专用机床夹具种类很多。本节只介绍钻床和铣床夹具。通过这两类机床夹具,了解机床夹具的主要特点。

1)钻床夹具

(1)钻床夹具的主要类型

钻床夹具也称钻模,是使用钻头、扩孔钻和铰刀等刀具进行孔加工的机床夹具。钻床夹具上,一般都装着距定位元件有一定位置尺寸的钻套,通过钻套引导刀具进行加工,这就是钻床夹具的主要特点。安装钻套的元件,称为钻模板。根据使用上的不同要求,钻床夹具可分为固定式、回转式、翻转式及滑柱式等。常用的固定式钻模的特点是钻模板与夹具体固定联接,加工过程中钻模的位置固定不动。一般用于立式钻床加工单孔或在摇臂钻床上加工平行孔系。如果要在普通立式钻床上使用固定式钻模加工平行孔系,则须在机床上安装多轴传动头。

在立式钻床上安装钻模时,一般应首先将装在主轴上的钻头(精度要求高时用心轴)插入钻套,以确定钻模的位置,然后将其紧固在机床工作台上。这样,既可减少钻模的磨损,又可保证钻孔有较高的尺寸精度。

如图 2-33 所示的钻模用来加工套筒上的径向孔。根据工件加工要求,选用两孔及端面作定位基准。相应地在夹具上,用支承环 1、定位销 2 和菱形销 3 作定位元件,它们与定位基准接触或配合实现定位。用螺母 4 和开口垫圈 8 夹紧。钻模板 6 用螺钉和销与夹具体固定联接。

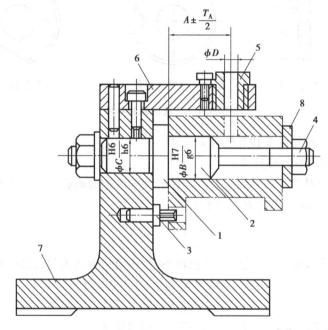

图 2-33　固定式钻模

1—支承环;2—定位销;3—菱形销;4—螺母;5—钻套;
6—钻模板;7—夹具体;8—开口垫圈

(2)钻套

钻套是引导孔加工刀具的元件。其作用是确定刀具相对夹具定位元件的位置,引导钻头等孔加工刀具,提高其刚性,防止在加工中发生偏斜。按结构和使用情况,钻套可分为固定式、可换式、快换式钻套及特殊钻套。其前 3 种均已标准化。

①钻套的构造。

如图 2-34 所示为标准化的钻套结构。图 2-34(a)、(b)为固定式钻套的两种形式。钻套外径以 H7/n6 配合直接压入钻模板的孔中。这两种形式多用于中小批量生产,使用过程中,不需要更换钻套的场合。固定式钻套结构较为简单,可获得较高的精度。图 2-34(c)为可换式钻套。当生产量较大,使用过程中需要更换磨损了的钻套时,可使用这种钻套。可换式钻套装在衬套中,衬套按 H7/n6 的配合压入夹具体内,可换钻套外径与衬套内径一般采用 H7/g6 或 H7/n6 的配合,并用螺钉加以固定,以防止在加工过程中钻头与钻套内径摩擦而使钻套发生转动,或退刀时随刀具抬起。图 2-34(d)为快换式钻套。当一次安装中顺次进行钻、扩、铰孔,需要使用不同内径的钻套来引导刀具时,可使用快换式钻套。使用时,只要将钻套朝逆时针方向转动一个角度,使螺钉的头部刚好对准钻套上的缺口,然后往上一拔,就可取下钻套。

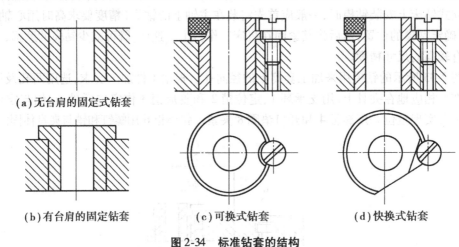

（a）无台肩的固定式钻套　　　　　　　　　　　　　　　　（c）可换式钻套　　　　　（d）快换式钻套

（b）有台肩的固定钻套

图 2-34　标准钻套的结构

②钻套内径尺寸及其偏差和其他有关尺寸。

A. 钻套的高度 H（图 2-35）。

钻套的导向高度对刀具的导向和刀具与钻套间的摩擦影响很大。太小时,导向作用差;太大时,增加摩擦。一般常取高度 H 与钻套内径 d 之比为

$$\frac{H}{d} = 1 \sim 2.5$$

对加工精度要求较高的孔,或加工孔径较小时,比值应取较大值;反之,取较小值。

B. 钻套与工件间的排屑间隙 C。

此间隙为排除切屑而留,间隙不宜过大,否则影响钻套的导向作用。一般可取为

$$C = \left(\frac{1}{3} - 1\right) d$$

加工铸铁等脆性材料,间隙 C 值可取较小值;加工钢件时,C 值应取较大值。

C. 钻套内径与刀具的配合。

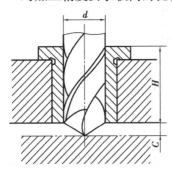

图 2-35　钻套与钻模板

钻套内径与刀具采用间隙配合。内径的尺寸及其偏差,根据刀具的种类和被加工孔的尺寸精度而定。钻套内径基本尺寸 d 应为刀具最大极限尺寸,以防止加工时刀具和钻套咬死。钻孔、扩孔用钻套内径可按 F7 制造;铰孔钻套内径配合:粗铰孔时,取 G7 配合;精铰孔时,取 G6 配合。

（3）钻模板

用于安装钻套的钻模板,按其与夹具体的联接方式有固定式、铰链式、悬挂式、升降式及可拆式。

2）铣床夹具

铣床夹具是生产中应用很广泛的一种夹具。铣床夹具多数是在铣削过程中和机床工作台一起做进给运动的。铣床夹具的整体结构在很大程度上取决于铣削的进给方式。常用的有直线进给的和圆周进给的铣削夹具。按在夹具中同时装夹的工件数,还可分为单件和多件加工的铣床夹具。

如图 2-36 所示为单件加工的、直线进给的铣床夹具。它用于铣削工件上的槽。工件以一面两孔定位,夹具上相应的定位元件为支承板、一个圆柱销 1 和一个菱形销 2。工件的夹紧是使用螺旋压板夹紧机构来实现的。卸工件时,松开压紧螺母,螺旋压板 3 在弹簧 6 作用下抬起,转离工件的夹紧表面。使用定位键 5 和对刀块 4,确定夹具与机床、刀具与夹具正确的相对位置。

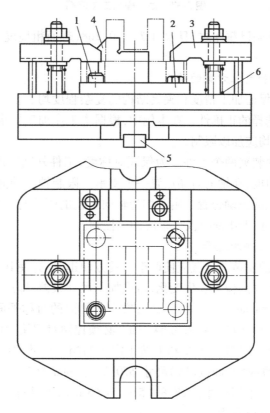

图 2-36　单件加工铣床夹具

1—圆柱销;2—菱形销;3—螺旋压板;4—对刀块;5—定位键;6—弹簧

2.4.4　夹具设计的方法和步骤

下面以铣削轴上键槽的铣床夹具为例,说明专用夹具设计的方法和步骤。

1）夹具的设计任务

为明确设计任务,首先应分析研究工件的结构特点、材料、生产类型及有关的工艺文件,然后了解本工序的加工要求及与前后工序的联系,弄清夹具设计的具体任务。

如图 2-37 所示为在光轴上铣削一键槽的工序图。材料为 45 钢,质量为 1.05 kg。本工序加工的键槽,除槽宽度 $20_{-0.052}^{0}$ mm 由三面刃铣刀宽度尺寸直接保证外,其余各项要求(图中方框内的尺寸均为本工序加工要求),均需要由加工时的定位来保证。本工序在 X62W 卧式铣床上加工。

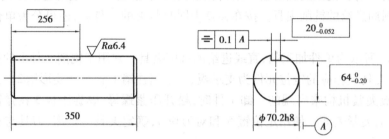

图 2-37　轴键槽加工工序图

在本道工序之前,外圆已精车过,且尺寸为 $\phi70.2h8$;表面粗糙度为 $Ra6.4$ μm;轴的总长度为 350 mm。

2)定位基准的分析和定位方案的确定

定位基准的选择对保证加工精度和夹具结构的复杂程度均有很大影响。因此,在夹具设计时,应分析定位基准选择的正确性。在本例中,根据本工序加工要求,工件除绕轴线转动自由度之外的 5 个自由度均应加以限制。

为提高生产率,每次装夹两个工件。为保证对称度,工件外圆以两个平行放置的 V 形块定位,限制工件 4 个自由度,在轴的右端放置一个支承钉限制轴的轴向移动,这样就满足了工件定位要求,确定了轴线的正确位置。由于作为轴向定位的端面与工序基准不重合,因此,对铣削两端面时的工序尺寸(350 mm)及公差应加以控制。

3)对刀元件和导向元件的选择

对刀元件在夹具上的安装或放置应使调整刀具方便迅速,并使其相对于定位元件的位置准确,否则将导致加工表面的位置发生变化,造成加工尺寸误差,即产生对刀误差。为保证键槽的对称度公差和尺寸 64 mm 的公差,三面刃铣刀两侧面的对称平面应与 V 形块对称面重合,铣刀刀刃下母线距工件下母线距离为 64 mm。必须控制对刀块表面与 V 形块标准心轴轴线间对刀尺寸,即 H 及 L。对刀尺寸 H 和 L 按工序图的相应尺寸的中间值及塞尺厚度(本例选塞尺为 $3_{-0.014}^{0}$ mm)计算决定,即按已知尺寸 $\phi70.2_{-0.046}^{0}$ mm 及工序尺寸 $64_{-0.20}^{0}$ mm,换算出以轴线为工序基准的工序中间尺寸为 28.8115±0.0885 mm,夹具对刀块工作面至 V 形块标准心棒轴线间的尺寸及公差分别为

$$H = (28.8115 - 3) \text{ mm} = 25.8115 \text{ mm}$$

$$T_H = \frac{1}{3}(\pm 0.0885)\text{mm} \approx \pm 0.03 \text{ mm}$$

则

$$H = 28.8115 \pm 3 \text{ mm} = 25.81 \pm 0.03 \text{ mm}$$

为保证键槽的对称度公差,V 形块对称中心平面至对刀块工作面间的尺寸为

$$L = (9.987 + 3) \text{ mm} = 12.987 \text{ mm}$$

其极限偏差取

$$\frac{1}{4} = (\pm 0.05)\ \text{mm} \approx \pm 0.013\ \text{mm}$$

则

$$L = (12.987 \pm 0.013)\ \text{mm} \approx (12.99 \pm 0.01)\ \text{mm}$$

将计算结果标注在如图 2-38 所示的夹具总图中。与此同时,工件轴线与进给方向还应平行(包括水平面与垂直面),可用放在 V 形块上的检验标准心棒轴线与夹具底面平行来保证与定位键的侧面平行。键槽长度的尺寸 256 mm,可用机床行程控制挡铁控制。

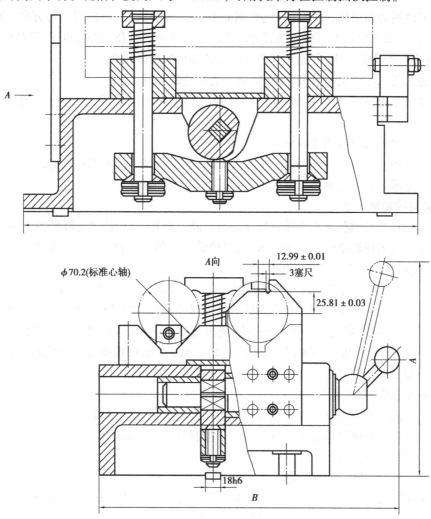

图 2-38　夹具总图

4)夹紧方案的确定

根据工件结构特点、定位方案和确定夹紧力的原则,确定夹紧力作用点和方向,以及选用或设计夹紧机构。在本例中,以垂直向下的力将工件压向 V 形块为最好,必要时进行夹紧力的计算。如果选用螺旋压板从上面直接压紧工件,其结构较简单,但螺旋压板从上边压紧时,机构过于靠近铣刀轴,调整和操作不方便。如从下边拉紧来压紧工件,可选用如图 2-38 所示的偏心夹紧机构。也可用斜楔压板机动夹紧机构或螺旋压板夹紧机构进行单件夹紧,但生产率低。

5）夹具总图的绘制

为使绘制的夹具总图具有良好的直观性，一般图形大小的比例取 1:10，以操作者面向夹具的方向作为主视图。视图及剖面数目应能清楚地表示出夹具的结构、各装置或元件的位置关系。

总图的绘制可按下述顺序进行：

①把工件用红线或双点画线绘出轮廓，并表示出加工余量。

②把工件视为透明体，按照工件的位置依次绘出定位元件、导向或对刀元件、夹紧装置。对夹具活动件，如夹紧装置、翻转式钻模板，为防止元件之间以及元件与机床、刀具相互发生干涉，应检查它们的活动范围，并用双点画线画出活动件的极限位置。

③绘制其他元件或机构及夹具体，形成一套完整的夹具。

夹具总图上应标出夹具名称、零件编号和填写零件明细表等，其余与一般机械装配图相同。

6）有关尺寸和夹具技术要求的标注

在夹具总图上，应标注出轮廓尺寸，必要的装配、检验尺寸及其偏差，以及主要元件之间的公差等技术要求。通常应标注以下 5 种基本尺寸及位置偏差：

（1）夹具的轮廓尺寸

标注出夹具的长、宽、高 3 个轮廓尺寸。对升降式夹具，还标注出升降的最大活动范围；回转式夹具要标注出回转半径或直径。这样，可检验夹具的活动范围，是否会与机床、刀具发生干涉，以及夹具在机床上安装的可能性。

（2）夹具定位元件与工件定位基准间的配合尺寸及定位元件的位置偏差

这类尺寸是保证与工件加工要求直接有关的尺寸或位置偏差。定位元件与工件定位基面配合的尺寸及其偏差、定位元件间的平行度或垂直度、定位元件对夹具安装基面的位置偏差等。如本例总图（图 2-38）中的两 V 形块的等高要求。V 形块检验心轴轴线对夹具底面的平行度检验心轴轴线与夹具底面定位键侧面的平行度等技术要求。

（3）夹具与刀具的联系尺寸

标注出导向或对刀元件对定位元件的位置尺寸及极限偏差位置公差，以及导向元件本身及其相互间的尺寸和极限偏差等。其目的在于控制对刀或导向误差。本例铣床夹具的对刀尺寸及偏差如图 2-38 所示。

（4）夹具与机床联接的联系尺寸

根据机床夹具与机床工作台或机床主轴的联接及定位方式，合理标注机床夹具对机床有关部位的位置偏差，如本例中定位键与铣床 T 形槽的配合尺寸及其配合。

（5）夹具各组成元件间的其他配合尺寸

这类尺寸主要是为保证夹具使用性能而标注的。它们是与机床、刀具、工件配合或联接无关的尺寸，如定位元件等夹具元件与夹具体的配合及其偏差等。

7）夹具零件图的绘制

夹具中的非标准件都需要绘制零件图。在确定这些零件尺寸、公差及技术要求时，应使其满足夹具总图的要求，其结构要符合结构工艺性要求。

2.5 加工余量、工序间尺寸及其公差的确定

在拟订了工艺路线后,要进行工序设计,确定各个工序的内容。为了保证加工质量的要求,就需要正确确定各个工序加工所能达到的尺寸——工序尺寸及其公差。

2.5.1 加工余量的概念及确定

1)加工总余量(毛坯余量)与工序余量

毛坯尺寸与零件设计尺寸之差,称为加工总余量。加工总余量的大小取决于加工过程中各个工步切除金属层厚度的总和。每一工序所切隙的金属层厚度,称为工序余量。加工总余量和工序余量的关系可表示为

$$Z_0 = Z_1 + Z_2 + \cdots + Z_n = \sum_{i=1}^{n} Z_i$$

式中　Z_0——加工总余量;

　　　Z_i——工序余量;

　　　n——机械加工工序数目。

其中,Z_1 为第一道粗加工工序的加工余量。它与毛坯的制造精度有关,实际上是与生产类型和毛坯的制造方法有关。毛坯制造精度高(如大批大量生产的模锻毛坯),则第一道粗加工工序的加工余量小。若毛坯制造精度低(如单件小批生产的自由锻毛坯),则第一道粗加工工序的加工余量就大。

工序余量还可定义为相邻两工序基本尺寸之差。按照这一定义,工序余量有单边余量和双边余量之分。零件非对称结构的非对称表面,其加工余量一般为单边余量(图 2-39(a)),可表示为

$$Z_i = l_{i-1} - l_i$$

式中　Z_i——本道工序的工序余量;

　　　l_i——本道工序的基本尺寸;

　　　l_{i-1}——上道工序的基本尺寸。

零件对称结构的对称表面,其加工余量为双边余量(图 2-39(b)),可表示为

$$2Z_i = l_{i-1} - l_i$$

同转体表面(内外圆柱面)的加工余量为双边余量,对外圆表面(图 2-39(c)),则

$$2Z_i = d_{i-1} - d_i$$

对内圆表面(见图 2-39(d)),则

$$2Z_i = D_i - D_{i-1}$$

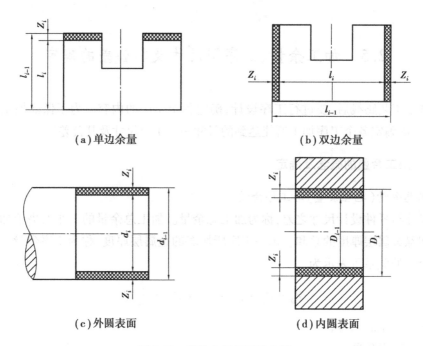

（a）单边余量　　　　　　　　（b）双边余量

（c）外圆表面　　　　　　　　（d）内圆表面

图 2-39　单边余量与双边余量

由于工序尺寸有公差,故加工余量也必然在某一公差范围内变化。其公差大小等于本道工序的工序尺寸公差与上道工序的工序尺寸公差之和。因此,如图 2-40 所示,工序余量有标称余量（简称余量）、最大余量和最小余量。可知,被包容件的余量 Z_b 包含上道工序的工序尺寸公差,余量公差可表示为

$$T_Z = Z_{max} - Z_{min} = T_b + T_a$$

式中　　T_Z——工序余量公差;

　　　　Z_{max}——工序最大余量;

　　　　Z_{min}——工序最小余量;

　　　　T_b——加工面在本道工序的工序尺寸公差;

　　　　T_a——加工面在上道工序的工序尺寸公差。

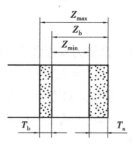

图 2-40　被包容件的加工余量及公差

一般情况下,工序尺寸的公差按"人体原则"标注,即对被包容尺寸（轴的外径,实体长、宽、高）,其最大加工尺寸就是基本尺寸,上偏差为零。对包容尺寸（孔的直径、槽的宽度）,其最小加工尺寸就是基本尺寸,下偏差为零。毛坯尺寸公差按双向对称偏差形式标注。图 2-41

（a）、（b）分别表示了被包容件（轴）和包容件（孔）的工序尺寸、工序尺寸公差、工序余量及毛坯余量之间的关系。其中，加工面安排了粗加工、半精加工和精加工。$d_{坯}(D_{坯})$，$d_1(D_1)$，$d_2(D_2)$，$d_3(D_3)$ 分别为毛坯、粗、半精、精加工工序尺寸；$T_{坯}/2$，T_1，T_2，T_3 分别为毛坯、粗、半精、精加工工序尺寸公差；Z_1，Z_2，Z_3 分别为粗、半精、精加工工序标称余量，Z_0 为毛坯余量。

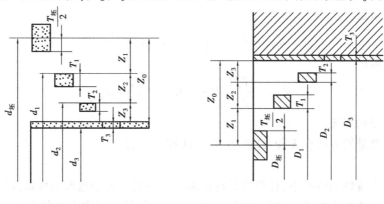

(a) 被包容件粗、半精、　　　　(b) 包容件粗、半精、
　　精加工的工序余量　　　　　　精加工的工序余量

图 2-41　工序余量示意图

2）工序余量的影响因素

工序余量的影响因素较复杂，除前述第一道粗加工工序余量与毛坯制造精度有关以外，其他工序的工序余量主要影响因素有：

①上道工序的尺寸公差 T_a。如图 2-42 所示，上道工序的尺寸公差越大，则本道工序的标称余量越大。本道工序应切除上道工序尺寸公差中包含的各种可能产生的误差。

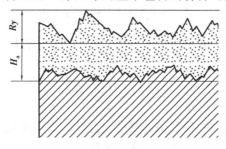

图 2-42　工件表层结构

②上道工序产生的表面粗糙度 Ry（表面轮廓最大高度）和表面缺陷层深度 H_a 在本道工序加工时，应将它们切除掉。各种加工方法的 Ry 和 H_a 的数值大小，可参考《机械制造工艺学》中给定的实验值选取。

③上道工序留下的需要单独考虑的空间误差，用符号 e_a 表示。这里所说的空间误差，是指轴线直线度误差和各种位置误差。形成上述误差的情况各异，有的可能是上道工序加工方法带来的，有的可能是热处理后产生的，也有的可能是毛坯带来的，虽经前面工序加工，但仍未得到完全纠正。因此，其量值大小须根据具体情况进行具体分析。有的可查表确定，有的则须抽样检查，进行统计分析。

④本工序的装夹误差 ε_b。装夹误差应包括定位误差和夹紧误差。由于这项误差会直接

影响被加工表面与切削刀具的相对位置,因此,加工余量中应包括这项误差。

由于空间误差和装夹误差都是有方向的,因此,要采用矢量相加的方法取矢量和的模进行余量计算。

综合上述各影响因素,可有以下余量计算公式:

①对单边余量

$$Z_{\min} = T_a - Ry + H_a + |\vec{e_a} + \vec{\varepsilon_b}|$$

②对双边余量

$$Z_{\min} = \frac{T_a}{2} - Ry + H_a + |\vec{e_a} + \vec{\varepsilon_b}|$$

3)加工余量的确定

确定加工余量的方法有 3 种:计算法、查表法和经验法。

(1)计算法

在影响因素清楚的情况下,计算法是较准确的。要做到对余量影响因素清楚,必须具备一定的测量手段和掌握必要的统计分析资料。在掌握了各误差因素大小的条件下,才能进行余量的准确计算。

对单边余量和双边余量的应用式,要针对具体的加工方法进行简化。

①采用浮动镗刀镗孔或采用浮动铰刀铰孔或采用拉刀拉孔,这些加工方法不能纠正孔的位置误差。因此,双边余量的应用式可简化为

$$Z_{\min} = \frac{T_a}{2} + H_a + Ry$$

②无心外圆磨床磨外圆无装夹误差,故

$$Z_{\min} = \frac{T_a}{2} + H_a + Ry + |\vec{e_a}|$$

③研磨、珩磨、超精加工、抛光等加工方法,其主要任务是去掉前一工序所留下的表面痕迹。它们有的可提高尺寸及形状精度。其余量计算公式为

$$Z_{\min} = \frac{T_a}{2} + H_a$$

有的仅用于减小工件表面粗糙度值。其余量计算公式可简化为

$$Z_{\min} = H_a$$

总之,计算法不能离开具体的加工方法和条件,要具体情况具体分析。不准确的计算会使加工余量过大或过小。余量过大不仅浪费材料,而且增加加工时间,增大机床和刀具的负荷。余量过小,则不能纠正前一道工序的误差,造成局部加工不到的情况,影响加工质量,甚至会造成废品。

(2)查表法

查表法主要以工厂生产实践和实验研究积累的经验所制成的表格为基础,并结合实际加工情况加以修正,确定加工余量。这种方法方便、迅速,生产上应用广泛。

(3)经验法

经验法由一些有经验的工程技术人员或工人根据经验确定加工余量的大小。由经验法确定的加工余量往往偏大,主要是因主观上怕出废品。这种方法多在单件小批量生产中采用。

2.5.2 工序尺寸与公差的确定

生产中绝大部分加工面都是在基准重合(工艺基准和设计基准重合)的情况下进行加工的。因此,掌握基准重合情况下工序尺寸与公差的确定过程非常重要。现介绍如下:

①确定各加工工序的加工余量。

②从终加工工序开始,即从设计尺寸开始,到第一道加工工序,逐次加上每道加工工序余量,可分别得到各工序基本尺寸(包括毛坯尺寸)。

③除终加工工序以外,其他各加工工序按各自所采用加工方法的加工经济精度确定工序尺寸公差(终加工工序的公差按设计要求确定)。

④填写工序尺寸并按"人体原则"标注工序尺寸公差。

例如,某轴直径为ϕ50 mm,其尺寸精度要求为IT5,表面粗糙度要求为Ra0.04 μm,并要求高频淬火,毛坯为锻件。其工艺路线为:粗车—半精车—高频淬火—粗磨—精磨—研磨。现在来计算各工序的工序尺寸及公差。

用查表法确定加工余量。由工艺手册查得:研磨余量为0.01 mm,精磨余量为0.1 mm,粗磨余量为0.3 mm,半精车余量为1.1 mm,粗车余量为4.5 mm,由加工余量和工序余量的关系式,可得加工总余量为6.01 mm,取加工总余量为6 mm,把粗车余量修正为4.49 mm。

计算各加工工序基本尺寸。研磨后工序基本尺寸为50 mm(设计尺寸);其他各工序基本尺寸如下:

精磨

$$50 \text{ mm} + 0.01 \text{ mm} = 50.01 \text{ mm}$$

粗磨

$$50.01 \text{ mm} + 0.1 \text{ mm} = 50.11 \text{ mm}$$

半精车

$$50.11 \text{ mm} + 0.3 \text{ mm} = 50.41 \text{ mm}$$

粗车

$$50.41 \text{ mm} + 1.1 \text{ mm} = 51.51 \text{ mm}$$

锻造

$$51.51 \text{ mm} + 4.49 \text{ mm} = 56 \text{ mm}$$

确定各工序的加工经济精度和表面粗糙度。由《机械制造工艺学》等资料查得:研磨后为IT5,Ra0.04 μm(零件的设计要求);精磨后选定为IT6,Ra0.16 μm;粗磨后选定为IT8,Ra1.25 μm;半精车后选为IT11,Ra2.5 μm;粗车后选定为IT13,Ra16 μm。

根据上述经济加工精度查公差表,将查得的公差数值按"人体原则"标注在工序基本尺寸上。查工艺手册可得锻造毛坯公差为±2 mm。

在工艺基准无法同设计基准重合的情况下,确定了工序余量之后,须通过工艺尺寸链进行工序尺寸和公差的换算。具体换算方法将在工艺尺寸链中介绍。

2.6 工艺尺寸链的原理与应用

在汽车、拖拉机等机械产品设计过程中,设计人员根据某一部件(总成)的使用性能,规定了必要的装配精度。这些装配精度的可靠性与经济性以及零件的尺寸公差与形位公差的制订,需要借助于尺寸链的原理来解决。

2.6.1 尺寸链的基本概念

1)尺寸链的定义

在机器装配或零件加工过程中,由相互连接的尺寸形成封闭的尺寸组,称为尺寸链。如图 2-43 所示为内燃机活塞加工工序图。在加工中,直接保证了工序尺寸 A_1 和 A_2,而活塞销孔轴线至活塞顶面间的尺寸 A_0 则是间接获得的尺寸。这样,尺寸 A_1,A_2,A_0 是在加工过程中由相互连接的尺寸形成封闭的尺寸组,即 A_1,A_2,A_0 组成一个尺寸链。

在设计、装配和测量中,也会形成类似的封闭尺寸组,即形成尺寸链。在分析和计算尺寸链时,为简便起见,可不画零件或装配单元的具体结构,仅依次绘出各个尺寸,即将在装配单元或零件上确定的尺寸链独立出来(图 2-43(b)),这就是尺寸链图。在尺寸链图中,各个尺寸不必严格按比例画,但应保持各尺寸之间原有的连接关系。

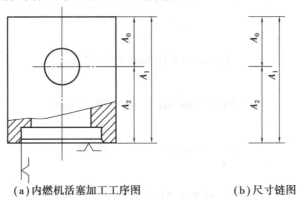

(a)内燃机活塞加工工序图　　　　　　(b)尺寸链图

图 2-43　内燃机活塞加工工序图

2)尺寸链的组成

为便于分析与计算,将尺寸链中各组成尺寸给予定义。

(1)环

列入尺寸链中的每一个尺寸,称为环。如图 2-43 所示的 A_1,A_2,A_0 都称为尺寸链的环。

(2)封闭环

尺寸链中,在装配和加工过程最后形成的一环,如图 2-43 所示的 A_0。

(3)组成环

尺寸链中,对封闭环有影响的全部环。这些环中任一环的变动必然会引起封闭环的变动。如图 2-43 所示的 A_1,A_2 均是组成环。

（4）增环

尺寸链中的组成环,由该环的变动引起封闭环同向变动。同向变动是指该环增大时封闭环也增大,该环减小时封闭环也减小。如图 2-43 中的 A_1 是增环。

（5）减环

尺寸链中的组成环,由该环的变动引起封闭环的反向变动。反向变动是指该环增大时封闭环减小,该环减小时封闭环增大。如图 2-43 所示的 A_2 是减环。

（6）补偿环

尺寸链中预先选定的某一组成环,可通过改变其大小或位置,使封闭环达到规定要求。补偿环将在装配尺寸链中用到。

3）尺寸链的特性

（1）封闭性

由于尺寸链是封闭的尺寸组,因此,它是由一个封闭环和若干个互相连接的组成环所构成的封闭图形,具有封闭性。

（2）关联性

由于尺寸链具有封闭性,因此,尺寸链中的各环都相互关联。其封闭环随所有组成环的变动而变动。组成环是自变量,封闭环是因变量。

（3）传递系数 ξ

表示各组成环对封闭环影响大小的系数,称为传递系数。在尺寸链中,封闭环与组成环的关系可用方程式表示为

$$A_0 = f(A_1, A_2, \cdots, A_m)$$

设第 i 个组成环的传递系数为 ξ_i,$\xi_i = \dfrac{\partial f}{\partial A_i}$。对增环,$\xi$ 为正值;对减环,ξ 为负值。若组成环与封闭环平行,$|\xi_i| = 1$;若组成环与封闭环不平行,$-1 < \xi < +1$。图 2-44 中的尺寸链可据此写成方程式

$$A_0 = A_1 - A_2$$

式中　A_1——增环,$\xi = +1$;

　　　A_2——减环,$\xi = -1$。

4）尺寸链的形式

①按环的几何特征,尺寸链可分为长度尺寸链和角度尺寸链两种。

②按其应用场合,尺寸链可分为装配尺寸链（全部组成环为不同零件的设计尺寸）、工艺尺寸链（全部组成环为同一零件的工艺尺寸）和零件尺寸链（全部组成环为同一零件的设计尺寸）。

设计尺寸是指零件图上标注的尺寸;工艺尺寸是指工序尺寸、测量尺寸和定位尺寸。必须注意,零件图上的尺寸切勿标注成封闭的。

③按各环所处空间位置,尺寸链可分为直线尺寸链、平面尺寸链和空间尺寸链。

尺寸链还可分为基本尺寸链和派生尺寸链（后者是指它的封闭环为另一尺寸链组成环的尺寸链),标量尺寸链和矢量尺寸链等。具体详见国家标准《尺寸链　计算方法》(GB/T 5847—2004)。

5)尺寸链的计算

利用尺寸链原理解决生产实际问题,可分为以下两种计算情况:

（1）公差设计计算

已知封闭环,求解各组成环。这种情况也称反计算,用于产品设计、加工和装配工艺计算等。在其计算中,需将封闭环公差正确、合理地分配到各组成环上。各组成环公差的大小不是唯一确定的,分配的公差大小需要优化。

此外,常会遇到已知封闭环及部分组成环,求解其余组成环。此情况也属于公差的设计计算,一般称为中间计算。它用于设计、工艺计算等场合。

（2）公差校核计算

已知组成环,求解封闭环。此种情况也称正计算,用于校核封闭环公差和极限偏差的情况。校核计算时,封闭环的计算结果是唯一确定的。

2.6.2 尺寸链计算的基本公式

机械制造中的尺寸和公差要求,一般都用基本尺寸及上下偏差来标注。在尺寸链计算时,还可用最大、最小极限尺寸以及中间尺寸和中间偏差来表达。至用采用何种方式来表达,应视具体情况,用不同的尺寸链计算公式来确定。

1)极值法计算公式

极值法计算公式是指按组成环尺寸均为极限尺寸的条件下来计算封闭环极限尺寸的方法。其基本尺寸计算为

$$A_0 = \sum_{i=1}^{m} \vec{A}_i - \sum_{i=1}^{n} \overleftarrow{A}_i$$

式中　m——增环数;

　　　n——减环数。

极限尺寸的计算为

$$A_{0max} = \sum_{i=1}^{m} \vec{A}_{1max} - \sum_{i=1}^{n} \overleftarrow{A}_{1min}$$

$$A_{0max} = \sum_{i=1}^{m} \vec{A}_{1min} - \sum_{i=1}^{n} \overleftarrow{A}_{1max}$$

式中　A_{0max}, A_{0min}——封闭环的最大、最小极限尺寸;

　　　$\vec{A}_{imax}, \vec{A}_{imin}$——增环的最大、最小极限尺寸;

　　　$\overleftarrow{A}_{imax}, \overleftarrow{A}_{imin}$——减环的最大、最小极限尺寸。

其上下偏差的计算为

$$ES(A_0) = \sum_{i=1}^{m} ES(\vec{A}_1) - \sum_{i=1}^{n} EI(\overleftarrow{A}_1)$$

$$EI(A_0) = \sum_{i=1}^{m} EI(\vec{A}_1) - \sum_{i=1}^{n} ES(\overleftarrow{A}_1)$$

式中　$ES(A_0), EI(A_0)$——封闭环的上下偏差;

　　　$ES(\vec{A}_i), EI(\vec{A}_i)$——增环的上下偏差;

　　　$ES(\overleftarrow{A}_i), EI(\overleftarrow{A}_i)$——减环的上下偏差。

各环公差的计算为

$$T_0 = \sum_{i=1}^{m+n} T_i$$

式中　T_0——封闭环公差；

　　　T_i——组成环公差。

各环的平均公差计算为

$$T_M = \frac{T_0}{m+n}$$

式中　T_M——组成环平均公差。

由于极值法考虑了组成环可能出现的最不利情况,故其计算结果是绝对可靠的,而且计算方法简单,应用较广泛。但在成批生产中,各环出现极限尺寸的可能性并不大。同时,当尺寸链的组成环数较多时,各环均出现极限尺寸的可能性很小。因此,此计算法显得过于保守,尤其是当封闭环公差较小时,常使各组成环公差太小而使制造困难。于是,就根据各环尺寸的分布状态,改用概率计算法。

2)概率法计算公式

概率法也称统计法,是应用概率论原理进行尺寸链计算的一种方法。尺寸链概率法计算公式为

$$T_0 = \frac{1}{k_0} \sqrt{\sum_{i=1}^{m+n} \xi_i^2 + k_i^2 + T_i^2}$$

式中　k_0——封闭环的相对分布系数；

　　　k_i——第 i 个组成环的相对分布系数,当组成环呈正态分布时,则 $i=1$；

　　　ξ_i——第 i 个组成环的传递系数,对直线尺寸链,$|\xi_i|=1$。

对直线尺寸链,当各组成环在其公差内呈正态分布时,封闭环也呈正态分布。此时,$k_0=1$,则封闭环公差为

$$T_0 = \sqrt{\sum_{i=1}^{m+n} T_i^2}$$

各组成环的平均公差为

$$T_M = \frac{T_0}{\sqrt{m+n}}$$

由上式可知,概率法计算的各组环平均公差比极值法计算的放大了 $\sqrt{m+n}$ 倍,从而使加工变容易了,加工成本也随之下降。

各环的平均尺寸计算公式为

$$A_{OM} = \sum_{i=1}^{m} \vec{A}_{iM} - \sum_{i=1}^{n} \overleftarrow{A}_{iM}$$

式中　A_{OM}——封闭环的平均尺寸；

　　　$\vec{A}_{iM}$——增环的平均尺寸；

　　　$\overleftarrow{A}_{iM}$——减环的平均尺寸。

2.6.3 计算机三维仿真装配尺寸链设计及公差控制

1)传统的广义公差分析设计工作的缺陷

沿用多年的传统机械产品广义公差分析,在下述 4 个工作阶段中,由于缺乏协同与并行设计,其成本模型不能反映实际加工的各种工艺因素,因此,不能获得在保证产品质量前提下的最低加工成本。这 4 个工作阶段如下:

(1)产品设计阶段

产品设计部门仅根据产品精度指标和产品结构来确定尺寸和分析设计公差,较少考虑加工制造问题。

(2)工艺制订阶段

工艺部门根据产品设计公差来确定加工工艺路线和加工方法、加工余量和加工公差。其目的是满足设计公差要求,基本上不考虑产品功能与结构。

(3)加工制造阶段

此阶段,工人按工艺规程进行调整与操作。其目的是满足设计公差,也不考虑产品的功能和整体结构。

(4)质量检查阶段

此阶段,检查部门只考虑加工零件与设计公差相比是否满足设计要求,并不考虑整个产品的结构与装配要求。

由此可知,传统的设计公差值多是凭工程师的经验给定或用类比法、统计分析法,根据产品的总体精度要求来分配公差。显然,这种处理公差的方式不符合并行公差的原理,会带来诸多问题,从而导致制造成本增加,使设计和加工制造周期延长。因此,必须研究和开发利用计算机辅助公差设计 CAT(Computer Aided Tolerancing)来分析和控制公差。

2)计算机三维仿真装配尺寸链设计与公差控制概要

近 20 年来,国内外不少专家、学者均根据 ISO/TC 213 中关于尺寸和几何产品规范与检测标准,对 CAT 技术进行研究和开发应用软件。利用计算机三维仿真装配和并行公差处理的主要原理及程序内容如下:

(1)根据并行公差原理,对公差用数字化表示

应用并行公差原理和 ISO/TC 213,在设计阶段就直接求出满足设计要求和总体装配要求的加工公差及检验规程。公差的数字化表示不仅能确切地反映产品的功能要求,能使加工中的误差补偿,还便于使用三坐标测量机进行测量与数据处理。利用计算机处理公差信息,便于公差信息在设计、工艺、加工及检测的各阶段传递。

(2)公差设计分析系统

利用计算机在输入零件的各个尺寸的信息后,系统即可进行尺寸链的搜索和生成,并逐次进行公差分析与控制。

(3)基于三维装配图特征关系的装配尺寸链自动生成

根据几何特征的分类,首先分析三级 CAD 系统的约束机制,然后根据变动几何约束和特征的约束关系,建立变动几何约束的网络,进而形成面向尺寸链的装配数据库。该库记录了装配体系中形成装配尺寸链的零部件的尺寸和相关信息。最后由该库形成装配尺寸链。

第**3**章
汽车及其零件制造工艺设备基础

3.1 常用机械加工方法

3.1.1 铸造工艺基础

1）概述

将熔化后的金属液浇注到铸型中，待其凝固、冷却后，获得一定形状的零件或零件毛坯的成形方法，称为铸造。铸造获得的毛坯或零件，称为铸件。

（1）铸造的特点及分类

汽车用铸件的主要特点是壁薄、形状复杂、尺寸精度高、质量小、可靠性好、生产批量大等。铸件一般占汽车自重的20%左右，仅次于钢材用量，居第二位。对于材质而言，铸铁、铸钢、铸铝、铸铜等应有尽有，仅铸铁就采用了灰铸铁、球墨铸铁、蠕墨铸铁、可锻铸铁及合金铸铁等。可以说，汽车工业使各种铁造材质达到物尽其用的地步。对于所采用的各种工艺方法而言，一般习惯将铸造分为砂型铸造和特种铸造两大类。

液态金属完全靠重力充满整个铸型型腔，并直接形成铸型的原材料主要为型砂，这种铸造方法称为砂型铸造。在汽车铸件生产中，砂型铸造所生产的铸件占整个汽车铸件的90%以上。凡不同于砂型铸造的所有铸造方法，统称特种铸造。

（2）合金的铸造性能

合金在铸造过程中所表现出来的性能，统称合金的铸造性能。它主要是指流动性、收缩性、偏析及吸气性等。

①流动性。

合金的流动性是指液态合金的流动能力。液态金属的流动性好，充型能力强，能浇出形状复杂、壁薄的铸件，避免产生浇不足、冷隔等缺陷；有利于金属液中气体和夹杂物的上浮和排除，可减少气孔、渣眼等缺陷；铸件在凝固及收缩过程中，可得到来自冒口的液态合金的补充，可防止铸件产生缩孔、缩松等缺陷。影响流动性的因素很多，主要有合金成分、浇注温度、浇注压力及铸型等。

②收缩性。

合金在冷却凝固过程中,其体积和尺寸减小的现象,称为收缩。合金从浇注温度冷却到室温要经过液态收缩、凝固收缩和固态收缩3个阶段。液态收缩和凝固收缩是铸件产生缩孔的基本原因。固态收缩是产生铸造应力、变形和裂纹的基本原因。影响铸件收缩的主要因素有合金成分、浇注温度以及铸型和铸件结构等。

③偏析及吸气性。

在铸件中,出现化学成分不均匀的现象,称为偏析。偏析使铸件性能不均匀,严重时会使铸件报废。合金在熔炼和浇注时吸收气体的性能,称为合金的吸气性。在合金液冷凝过程中,随着温度降低会析出过饱和气体。若这些气体来不及从合金液中逸出,将在铸件中形成气孔、针孔或非金属夹杂物(如 FeO、Al_2O_3 等),从而降低了铸件的力学性能和致密性。为减少合金的吸气性,通常采用缩短熔炼时间,选用烘干过的炉料;在熔剂覆盖层下或在保护性气体介质中熔炼合金;提高铸型和型芯的透气性;降低造型材料中的含水量,等等。

2)砂型铸造的造型工艺

(1)砂型铸造的工艺过程

造型工艺是指铸型的制作方法和过程。它是砂型铸造工艺过程中最重要的组成部分。铸造是以砂为主要造型材料制备铸型的一种铸造工艺方法。砂型铸造应用十分广泛。目前,90%以上的铸件是用砂型铸造方法生产的。

铸造工艺过程主要由以下部分组成(图 3-1):造型,造芯,砂型及型芯烘干,合型,熔炼金属,浇注,落砂和清理,检验。但需注意,有时对于某个具体的铸造工艺过程来说并不一定包括上述全部内容,如铸件无内壁时无须造芯,以及湿型铸造时砂型无须烘干等。

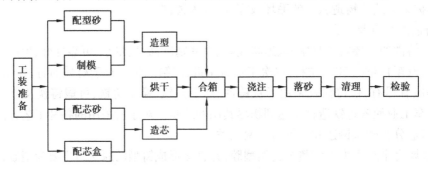

图 3-1 砂型铸造的工艺过程

(2)造型材料和造型方法

制造铸型用的材料,称为造型材料。它主要是指型砂和芯砂。它由砂、黏结剂和附加物等组成。造型材料应具备可塑性、强度、耐火度、透气性及退让性。砂型铸造的造型方法很多,可分为手工造型和机器造型两大类。手工造型是指全部用手工或手动工具完成的造型过程。手工造型按照起模特点,可分为整模造型、挖砂造型、分模造型、活块造型及三箱造型等方法。机器造型是指用机器完成全部或至少完成紧砂操作的造型过程。

(3)铸件浇注位置和分型面的选择

铸件浇注位置是指浇注时铸件在铸型内所处的位置;分型面是指两半铸型相互接触的表面。它们的选择原则主要是保证铸件质量和简化造型工艺。一般情况下,应先选择浇注位置后决定分型面。但在生产中,由于浇注位置的选择和分型面的确定有时互相矛盾,因此,必须综合分析各种方案的利弊,以选择最佳方案。

①浇注位置的选择原则。

A. 铸件的重要加工面应朝下。

由于气孔、砂眼、夹渣、缩孔容易出现在上表面,而下部的金属较纯净,金属的组织较致密,因此,铸件的重要加工面应朝下,如图 3-2 所示。当重要加工面朝下有困难时,则应尽量使其处在侧面位置。

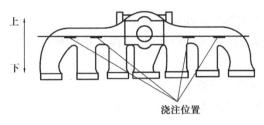

图 3-2　CA6120 进气、排气支管分型面的选取

B. 铸件的大平面应朝下。

由于浇注时的热辐射作用,铸型型腔上表面的型砂容易拱起和开裂,使铸件上表面产生夹砂和夹杂缺陷,因此,大平面应朝下。

C. 铸件薄壁部分应放在下部。

薄壁部分易产生浇不足和冷隔,放在下部可增加充型压力,提高金属充型能力。

D. 保证铸件实现定向凝固。

对合金收缩大、壁厚不均匀的铸件,应使厚度大的部分置于铸件的最上方或分型面附近,以利于安放冒口,实现定向凝固。

E. 便于型芯的固定、安装、排气及合型。

如图 3-3 所示为汽缸体分型面的选取。对卧浇生产的汽缸体工艺方式,分型面一般选择在缸孔中心线所在的平面上,以便砂芯定位和铸型排气。

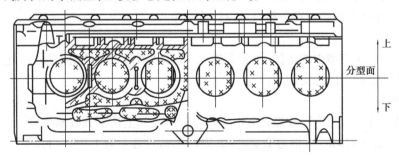

图 3-3　汽缸体分型面的选取

②分型面的选择原则。

A. 分型面应尽量采用平面分型面。

采用平面分型面可避免挖砂造型,提高生产率。即使采用机器造型,也可简化模板。

B. 分型面数量尽量减少。

如图 3-4 所示,汽车双联齿轮铸件在大批量生产时加一个环状型芯,可使三箱造型改为两箱造型,提高生产率和铸件精度,简化操作。

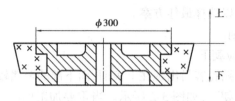

图 3-4 双联齿轮分型面的选择

C. 尽量使铸件全部或大部分放在同一砂型中。

将铸件的全部或大部分放在同一砂型中,可提高铸件精度,铸件的清理也较容易,且易于批量生产。

D. 应尽量减少型芯和活块的数量。

减少型芯和活块的数量可简化造型、造芯工艺,提高生产率。

（4）工艺参数的选择

铸造工艺方案确定以后,还要选择各种工艺参数。

①加工余量。

所谓加工余量,就是铸件上需要切削加工的表面,应预先留出一定的加工余量,其大小取决于铸造合金的种类、造型方法、铸件大小及加工面在铸型中的位置等。铸钢件表面粗糙,变形大,加工余量大;非铁合金表面较光洁,加工余量小;铸件越大越复杂,加工余量越大;铸件的顶面比底面和侧面的加工余量大。

②起模斜度。

为了使模样便于从铸型中取出,垂直于分型面的立壁上所加的斜度,称为起模斜度。模样越高,斜度取值越小;内壁斜度比外壁斜度大;手工造型比机器造型的斜度大。铸件外壁斜度一般取 $0.5° \sim 4°$。

③铸造圆角。

为了防止铸件在壁的连接和拐角处产生应力和裂纹,铸型的尖角损坏,以及产生砂眼,在设计铸件时,铸件壁的连接和拐角部分应设计成圆角。

④型芯头。

为了保证型芯在铸型中的定位、固定和排气,模样和型芯须设计出型芯头。它们之间的尺寸和形状要留有装配用的芯头间隙。

⑤收缩余量。

由于铸件在浇注后的冷却收缩,因此,制作模样时要加上这部分收缩尺寸。一般灰铸铁的收缩余量为 $0.8\% \sim 1.0\%$,铸钢为 $1.8\% \sim 2.2\%$,铸造铝合金为 $1.0\% \sim 1.5\%$。

收缩余量的大小除了与合金种类有关外,还与铸造工艺以及铸件在收缩时的受阻情况等有关。

3）铸件结构工艺性

铸件结构工艺性是指所设计的铸件结构不仅能保证零件使用性能的要求,而且还能适应铸造工艺和合金铸造性能的要求。铸件结构设计是否合理,对铸件质量、铸造成本和生产率有很大的影响。

（1）铸造工艺对铸件结构的要求

铸件结构的设计应尽量使制模、造型、造芯、合型及清理等工序简化,提高生产率。

①铸件外形的设计。

a.分型面容易使铸件产生错型,影响铸件外形和尺寸精度,应力求避免两个以上的分型面。

b.铸件外形应尽量方便造型。设计铸件侧壁上的凸台、凹槽时,要考虑起模方便,尽量避免使用活块和型芯。

②铸件内腔的设计。

a.尽量避免不必要的型芯。造芯不仅增加铸造工时,而且在下芯和合型浇注时产生麻烦和容易形成铸造缺陷。

b.型芯要便于固定、排气和清理。型芯在铸型中的固定必须依靠型芯头,当型芯头固定型芯有困难时必须由型芯撑辅助,但有时型芯撑不容易与铸件熔合,造成渗漏。要求气密性好的铸件应尽量少用或不用型芯撑。

③铸件结构斜度的设计。

铸件结构设计时,考虑起模方便,应在垂直于分型面的不加工立壁上设计出斜度。设计斜度要比制作模样时给出的起模斜度大,这样便于制作模样时不再考虑起模斜度,从而使起模方便,铸件精度高。采用机器造型时,设计斜度取 $0.5° \sim 1°$;用手工造型时,取 $1° \sim 3°$。铸件内壁斜度要大于外侧面。

（2）合金铸造性能对铸件结构的要求

铸件结构的设计应考虑合金的铸造性能要求,避免产生缩孔、缩松、浇不足、变形及裂纹等铸造缺陷。

①合理设计铸件壁厚。

不同的合金、不同的铸造条件,对合金的流动性影响很大。为了获得完整、光滑的合格铸件,铸件壁厚设计应大于该合金在一定铸造条件下所能得到的"最小壁厚"。表3-1列举了在砂型铸造条件下铸件的最小壁厚。铸件壁厚也不宜选择过厚。由于铸件中心部位冷却缓慢、晶粒粗大,容易产生缩松、缩孔等缺陷,其承载能力并非按壁厚截面增加而呈比例增加,因此,壁厚应选择适当。

表3-1 砂型铸造条件下铸件的最小壁厚/mm

铸件尺寸	铸钢	普通灰铸铁	球墨铸铁	可锻铸铁	铝合金	铜合金
<200×200	8	4 ~6	6	5	3	3 ~5
200×200 ~ 500×500	10 ~12	6 ~10	12	8	4	6 ~8
>500×500	182 ~0	15 ~20	—	—	6	—

注:若铸件结构复杂或铸造合金的流动性差,则应取上限值。

②铸件壁厚应尽可能均匀。

铸件壁厚均匀是为了铸件各部分冷却速度相接近,形成同时凝固,避免因壁厚差别而形成热节,产生缩孔、缩松,也避免薄弱环节产生变形和裂纹。

③铸件壁的连接方式要合理。

a.铸件壁之间的连接应有铸造圆角。如无圆角,直角处的热节大,易产生缩孔缩松,并在内角处产生应力集中,裂纹倾向增大。

b. 铸件壁要避免交叉和锐角连接,铸件壁连接时,应采用如图3-5所示的形式。

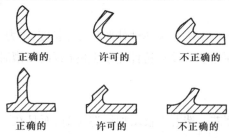

正确的　　　　　许可的　　　　　不正确的

正确的　　　　　许可的　　　　　不正确的

图3-5　接头结构

c. 铸件壁厚不同的部分进行连接时,应力求平缓过渡,避免截面突变。当壁厚差别较小时,可用圆角过渡。当壁厚之比差别在2倍以上时,应采用楔形过渡。

④避免铸件收缩阻碍。

当铸件的收缩受到阻碍,产生的铸造内应力超过合金的强度极限时,铸件将产生裂纹。因此,在设计铸件时,应尽量使其能自由收缩,特别是在产生内应力叠加时,应采取措施避免局部收缩阻力过大。

⑤避免大平面。

大平面受高温金属液烘烤时间长,易产生夹砂;金属液中气孔、夹渣上浮滞留在上表面,产生气孔、渣孔;大平面不利于金属液充填,易产生浇不足和冷隔。

4)特种铸造

特种铸造是指与砂型铸造不同的其他铸造方法。在汽车用铸件中,常用的特种铸造方法有金属型铸造、压力铸造、低压铸造、离心铸造、消失模铸造及熔模铸造等。另外,还有一些特种铸造方法目前在汽车铸件大量生产中采用较少,如挤压铸造、陶瓷型铸造、石膏型铸造、连续或半连续铸造及真空吸铸等。

(1)金属型铸造

金属型铸造是指用重力将熔融金属浇注入金属铸型获得铸件的方法。金属型是指由金属材料制成的铸型,不能称为金属模。常用的垂直分型式金属型如图3-6所示。它由定型和动型两个半型组成。分型面位于垂直位置,浇注时先使两个半型合紧,待熔融金属凝固、铸件定型后,再利用简单的机构使两个半型分离,取出铸件。

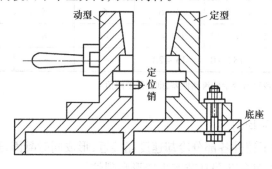

图3-6　垂直分型式金属型

金属型铸造实现了"一型多铸",克服了砂型铸造造型工作量大、占地面积大、生产率低等缺点,具有铸件精度和力学性能高的特点。在汽车行业中,铝合金缸盖、进气管及活塞等形状不太复杂的中小铸件的大批量生产均采用金属型铸造。

(2)压力铸造

压力铸造是指将熔融金属在高压下高速充型,并在压力下凝固的铸造方法。压力铸造使用的压铸机如图 3-7(a)所示。它由定型、动型和压室等组成。首先使动型与定型合紧,用活塞将压室中的熔融金属压射到型腔,如图 3-7(b)所示;凝固后,打开铸型,并顶出铸件,如图 3-7(c)所示。

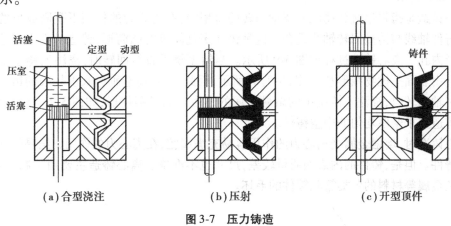

（a）合型浇注　　　　　　（b）压射　　　　　　（c）开型顶件

图 3-7　压力铸造

压力铸造以金属型铸造为基础,又增加了在高压下高速充型的功能,从根本上解决了金属的流动性问题。压力铸造可直接铸出零件上的各种孔眼、螺纹、齿形等。铸件的组织更细密,其力学性能比砂型铸造提高 20% ~ 40%。但是,由于熔融金属的充型速度快、排气困难,通常在铸件的表皮下形成许多小孔,这些表皮下的小孔充满高压气体,受热时因气体膨胀而导致铸件表皮产生突起缺陷,甚至使整个铸件变形。因此,压力铸造铸件不能进行热处理。在汽车行业中,压力铸造的零件有上百种之多,其中最复杂的铝压铸件为缸体、缸盖等。压铸时,除了要下很多型芯之外,对铝缸体还要将铸铁缸套压铸到缸体中。

(3)低压铸造

低压铸造是在 20 ~ 70 kPa 的压力下,使金属液压入铸型,并在如图 3-8 所示的低压铸造的工作原理图压力下结晶凝固的铸造方法。因其压力低,故称低压铸造。工作时,首先由储气罐向保温室中送入压力为 0.01 ~ 0.08 MPa 的干燥压缩空气或惰性气体,使金属液(高出液相线 100 ~ 150 ℃)沿升液管从密封坩埚中,以 10.5 ~ 10.6 m/s 的速度压入铸型型腔中,将其充满后,仍保持一定压力(或适当增压)至型腔内金属液完全凝固;然后撤出压力,使没有凝固的金属液在重力作用下流回坩埚,保证升液管和浇口中没有凝固的金属液。最后打开铸型取出铸件。

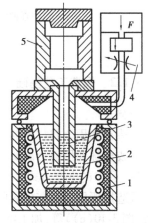

图 3-8　低压铸造的工作原理图

1—保温室;2—坩埚;3—升液管;

4—储气罐;5—铸型

低压铸造的压力可人为控制,故适用于各种材料的铸型(金属型、砂型、壳型及熔模铸型)。铸件在压力下凝固结晶,浇口又能起补缩作用,铸件自上而下顺序凝固,故组织致密,能有效地克服铝合金的针孔等缺陷。铸件成品率高,浇口余头小,金属利用率高(可达95%)。另外,低压铸造的铸件表面粗糙度可达 $Ra12.5 \sim 3.2 \ \mu m$,公差等级能满足 IT14—IT12,最小壁厚为 $2 \sim 5 \ mm$。

低压铸造是介于重力铸造(靠金属液本身重力流入型腔)和压力铸造之间的一种铸造方法。它可生产铝、镁、铜合金以及少量钢制薄壁壳体类铸件,如发动机的缸体和缸套,以及高速内燃机的活塞、带轮、变速器壳体等。

(4)离心铸造

离心铸造是指将熔融金属浇入绕轴回转的铸型中,在离心力的作用下凝固成形的铸造方法。其铸件轴线与铸型回转轴线重合。这种铸件多是简单的圆筒形,铸造时不用型芯就可形成圆桶形内孔。离心铸造过程如图 3-9 所示。当铸型绕垂直线回转时,浇注入铸型中的熔融金属的自由表面呈抛物线形状,如图 3-9(a)所示,因此,不宜铸造轴向长度较大的铸件。当铸型绕水平轴回转时,浇注入铸型中的熔融金属的自由表面呈圆柱形,如图 3-9(b)所示,因此,常用于铸造要求壁厚均匀的中空铸件。

离心铸造时,熔融金属受离心力的作用容易充满型腔;在离心力的作用下结晶能获得组织致密的铸件。但是,铸件的内表面质量较差,尺寸也不准确。离心铸造主要用于制造铸钢、铸铁和有色金属等材料的各类管状零件的毛坯。

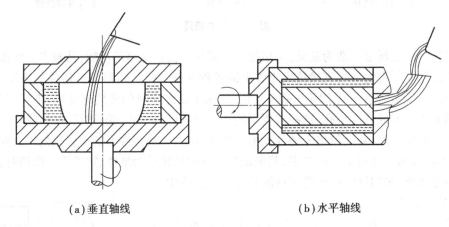

(a)垂直轴线　　　　　　　　　　　　(b)水平轴线

图 3-9　离心铸造过程

3.1.2　锻造工艺基础

1)概述

锻造是利用金属材料的可塑性,借助外力(加压设备)和工模具的作用,使坯料或铸锭产生局部或全部变形而形成所需要的形状、尺寸和一定组织性能锻件的加工方法。

(1)锻造的生产方式

锻造按所用工具与模具的安置情况,可分为自由锻(图 3-10(a))、胎模锻(图 3-10(b))和模锻(图 3-10(c))等,加工特点见表 3-2。模锻按成形温度,可分为热锻、温锻、冷锻及等温锻等,加工特点见表 3-3。随着生产技术的发展,锻造中也引入轧、挤等方法,如用辊锻方法生产连杆,用挤压方法生产发动机气阀、汽车转向轴等。这样,扩展了锻造领域,提高了毛坯质量和生产率。

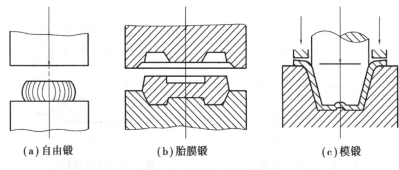

（a）自由锻　　　　　（b）胎膜锻　　　　　（c）模锻

图 3-10　生产方法示意图

表 3-2　锻造按所用工具与模具的安置情况分类

名　称	特　点
自由锻	靠固定的平砧或型砧成型
胎膜锻	锻模为可移动式
模锻	锻模为固定式

表 3-3　模锻按成形温度分类

名　称	特　点
热锻	终锻温度高于再结晶温度,工作温度高于模具温度
温锻	介于热锻和冷锻温度之间的加热锻造
冷锻	在室温进行的或低于工作再结晶温度的锻造
等温锻	模具带加热和保温装置,成型时模具与坯料等温

①自由锻、胎模锻和模锻。

它们都是通过金属体积的转移和分配来获得毛坯的加工方法。为使金属有较好的塑性,一般都在热态下加工。

②轧制。

利用金属坯料与轧辊接触表面的摩擦力,使金属坯料截面积减小、长度增加的加工方法,称为轧制,如图 3-11 所示。轧制一般为热轧,即将金属坯料加热到塑性状态进行加工,其变形程度大,生产率高。

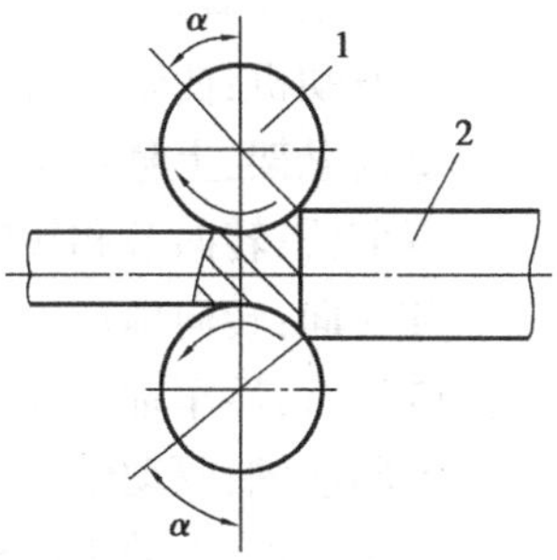

③拉拔。

金属坯料在拉力作用下,通过拉拔模模孔使截面缩小、长度增加的加工方法,称为拉拔,如图 3-12 所示。

④挤压。

将金属坯料放入挤压模内,使其受压并被挤出模孔、产生变形的加工方法,称为挤压,如图 3-13 所示。

图 3-11　轧制示意图
1—轧辊;2—坯料

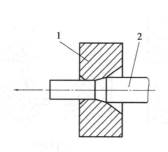

图 3-12　拉拔示意图

1—拉拔模；2—坯料

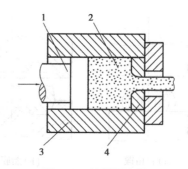

图 3-13　挤压示意图

1—凸模；2—坯料；3—挤压筒；4—挤压模

（2）锻造的特点

锻造制成的毛坯和零件应用广泛。它主要具有以下特点：

①金属材料经过锻压后，可改善组织，提高力学性能。铸态材料经过锻造、轧制或挤压后，可使铸态组织的一些缺陷（如气孔、缩孔等）压合，晶粒细化，性能提高。

②锻造加工主要依靠金属在塑性状态下体积的转移，不需要切除金属。因此，锻件的材料利用率高，流线分布合理，工件强度高。

③用轧、拉、挤、压等加工方法制得的坯料或零件，具有力学性能好、表面光洁、精度高、刚度大等特点，可做到少切削、无切削。

④除自由锻外，其他锻压加工容易实现机械化、自动化，具有较高的生产率，其中尤以轧制、拉拔、挤压等工艺最为明显。

锻压生产是使金属在固态下流动成形的，故变形量不能太大，工件的形状不能太复杂；锻压设备和模具等投资较大；其中有些加工方法，如自由锻，其表面质量稍差，生产率也较低。

（3）锻造加工的适用范围

锻件的强度及可靠性很高，广泛应用于汽车发动机、变速器、转向器以及行走部分总成的零件上。主要有以下种类：

①发动机：曲轴、连杆、连杆盖、凸轮轴及进排气阀门等。

②前悬架：上悬臂架、下悬臂架和转向横拉杆球铰接头等。

③前桥：转向节和转向节臂等。

④转向：转向扇形轴、转向摇臂和变速器等。

⑤后桥：后车轴和外壳末端。

⑥驱动轴：驱动轴、十字轴、轴叉及 TM 齿轮。

⑦差速器：主动小齿轮、环齿轮和凸缘叉。

⑧等速万向节、半轴齿轮轴、轴承外座圈及内轴承座圈。

（4）金属的锻造性能

金属的锻造性能（可锻性）是衡量材料经受塑性成形加工，获得优质锻件难易程度的一项工艺性能。金属锻造性能的优劣，常用金属的塑性变形能力和变形抗力两个指标来衡量。金属塑性高，变形抗力低，则锻造性能好；反之，则锻造性能差。影响金属塑性变形能力和变形抗力的因素主要有化学成分、金属组织、变形温度及变形速度等。

2) 自由锻

自由锻锻件形状和尺寸主要由操作工的操作技术来保证。金属受力变形在砧铁间各个方向是自由流动的,故称自由锻。自由锻可分为手工锻造和机器锻造两种。手工锻造劳动强度大,只适于少量小型锻件的生产。在汽车生产中,主要依靠机器锻造进行生产。

(1) 自由锻的工序

自由锻的工序可分为基本工序、辅助工序和修整工序。基本工序是自由锻造的主要工序,包括镦粗、拔长、冲孔、弯曲、切割、错移及扭转等;辅助工序是为基本工序操作方便而进行的预先变形,如压钳口、钢锭倒棱和压肩等;修整工序是为提高锻件表面质量而进行的工序,如校整、滚圆和平整等。

(2) 自由锻零件的结构工艺性

设计自由锻件结构和形状时,除满足使用性能要求外,还应考虑自由锻设备和工具的特点。良好的锻件结构工艺性应以结构合理、锻造方便、减少材料与工时的消耗和提高生产率为目的加以确定。其一般原则如下:

①锻件上应避免楔形、曲线形、锥形等倾斜结构。这类锻件加工时,需要专用工具,且锻造困难,应尽量设计成圆柱形、方形结构。

②圆柱体与圆柱体曲面交接处锻造很困难,应改成平面与圆柱体交接或平面与平面交接较为合理。

③带加强筋和表面小凸台的锻件,结构上是不允许的。可采用适当增加壁厚提高强度,小凸台应用沉头孔代替。

④对横截面有急剧变化或形状复杂的锻件,可将其设计成几个简单件锻制成形后,再用焊接或机械联接方式构成整体组合件。

3) 模锻

模锻是使金属坯料在锻模模腔内一次或多次承受冲击力或压力的作用,而被迫流动成形。由于模腔对金属坯料流动的限制,因此,最终得到与模腔形状相符的锻件。

模锻的主要特点如下:

①生产率高,金属变形是在模腔内进行的,锻件成形快。

②模锻件尺寸相对精确,加工余量小。

③可锻出形状较复杂的锻件。

④比自由锻节省材料,减少切削加工工作量,降低成本。

⑤操作简单,易于实现机械化和自动化生产。

模锻的不足之处在于坯料整体变形,变形抗力较大,而且锻模制造的成本较高,适合中小型锻件的大批量生产。

按使用设备不同,模锻可分为锤上模锻、胎膜锻、压力机上模锻以及其他专用设备上的模锻。其中,锤上模锻的工艺通用性强,是目前最常用的模锻方法,故以此为例进行介绍。

(1) 锻模

如图 3-14 所示,锤上模锻用的锻模是由带燕尾的活动上模 2 和固定下模 4 两部分组成,并分别用楔铁 10,7 紧固在锤头 1 和模座 5 上。上下模合模后,其中部形成完整的模腔 9、分模面 8 和飞边槽 3。锻模模腔可分为制坯模腔和模锻模腔两大类。

制坯模腔的主要作用是使坯料形状基本接近模锻件形状,合理分布金属材料,更易于充满模膛。一般有3种类型:拔长模膛用于减小坯料某部分横截面积,增加该部分长度;滚压模膛用于减小坯料某部分的横截面积,增大另一部分的横截面积,使金属按模锻件形状分布;弯曲模膛用于弯曲杆类模锻件的坯料。

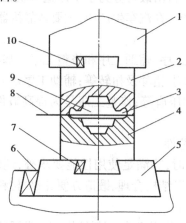

图3-14 锻模

1—锤头;2—活动上模;3—飞边槽;4—固定下模;

5—模座;6,7,10—楔铁;8—分模面;9—模膛

模锻分为预锻模膛和终锻模膛两种。预锻模膛的作用是使坯料变形到接近于锻件的形状和尺寸,使金属更容易充满终锻模膛,减少模膛磨损,增加模膛使用寿命。终锻模膛的形状和锻件形状相同。模膛设计应考虑锻件冷却时的收缩量,使坯料最后变形到锻件所要求的形状和尺寸。

根据模锻件复杂程度不同,锻模可分为单膛锻模和多膛锻模。单膛锻模是指在一副锻模上只具有一个终锻模膛;多膛锻模是指在一副锻模上具有两个以上的模膛。

(2)锤上模锻工艺规程的制订

锤上模锻的工艺过程一般为:切断毛坯—加热坯料—模锻—切除飞边—校正锻件—锻件热处理—表面清理—检验—成堆存放。模锻生产的工艺规程包括绘制模锻件图、坯料尺寸计算、确定模锻工步(选择模膛)、选择模锻设备、锻件修整及辅助工序等。

①绘制模锻件图。

该图是以零件图为依据按模锻工艺特点绘制的,是设计和制造锻模、计算坯料、选择模锻设备的吨位及检验锻件的依据。绘制模锻件图时,主要考虑以下问题:

a.确定分模面。分模面是上下锻模在锻件上的分界面。确定分模面要遵循下列原则:分模面应选在锻件最大尺寸截面处,保证模锻件能从模膛中取出;为便于发现错模,上下模膛分界处的轮廓应一致;尽可能使模膛深度最浅,便于制造锻模;分模面最好为平面,应使锻件上所加敷料最少;尽可能使上下模膛深度相等,便于脱模和金属充满模膛。

b.根据锻件大小、形状和精度等级选择余量、公差和敷料。一般余量为1~4 mm,公差为±0.3~3 mm。

c.模锻斜度的大小与锻件高度和设备类型有关。一般模锻件外壁的斜度值常取5°~10°,内壁斜度比外壁斜度大2°~5°。

d.一般凸圆角半径 r 等于单面加工余量加上零件圆角半径的值,凹圆角半径尺=(2~

3）r。

②确定模锻工步。

主要依据锻件的形状和尺寸确定长轴类模锻件。台阶轴、连杆等一般要经过拔长、滚压、弯曲、预锻及终锻等工步；盘类模锻件，如齿轮、法兰盘等，常选用镦粗、预锻和终锻等工步。

③锻件修整。

锻件修整主要包括切边、冲连皮、校正、清理、精压以及锻后热处理等。

（3）模锻件结构工艺性

模锻件结构工艺性要求如下：

①模锻件应有合理的分模面、模锻斜度和圆角半径。

②模锻件的几何形状应有利于金属成形。

③应尽量避免锻件上有深孔或多孔结构。

④形状复杂的模锻件可采用锻-焊组合工艺。

4）锻压新工艺

随着现代工业的不断发展，锻压也有很大发展，出现了许多新工艺和新技术，如零件的挤压、辊轧、径向锻造及摆动辗压等。

（1）零件的挤压

挤压是通过对挤压模内坯料施加强大压力，使它发生变形而获得毛坯或零件的加工方法。挤压加工有以下特点：坯料在挤压模内三向受压，使金属塑性提高；挤压零件表面质量好，一般精度可达 IT7—IT6，表面粗糙度达 $Ra3.2 \sim 0.4\ \mu m$；挤压零件流线分布好，使其力学性能提高；材料利用率可高达 70%，生产率高，并可制出形状复杂、薄壁、深孔件。根据挤压时金属流动方向和凸模运动方向的关系，可分为以下 4 种挤压方法：

①正挤压。

挤压时，金属流动方向与凸模运动方向一致，如图 3-15 所示。

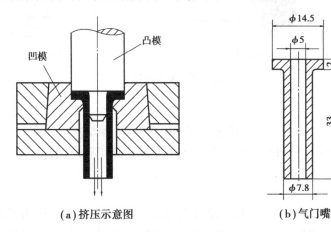

（a）挤压示意图　　　　（b）气门嘴

图 3-15　正挤压

②反挤压。

挤压时，金属流动方向与凸模运动方向相反，如图 3-16 所示。

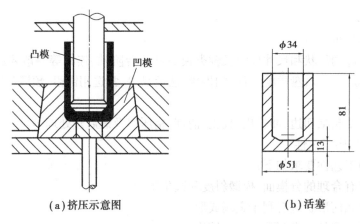

（a）挤压示意图　　　　　　　　（b）活塞

图 3-16　反挤压

③复合挤压。

挤压时,金属沿凸模运动方向和相反方向均有流动,如图 3-17 所示。

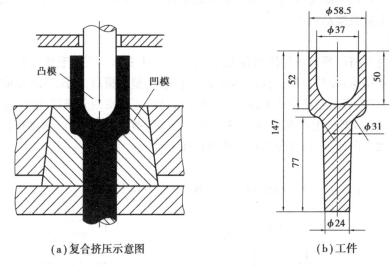

（a）复合挤压示意图　　　　　　（b）工件

图 3-17　复合挤压

④径向挤压。

挤压时,金属流动方向与凸模运动方向呈 90°,如图 3-18 所示。

挤压主要应用于生产各种轴对称形状的小型零件。对非对称件,挤压时金属流动不均,很容易使凸模折断。

（2）零件的轧制

轧制主要用于生产型材、管材、板材及异型钢材等原材料。近年来,成功地用来制造各种零件,应用逐渐广泛。零件的轧制具有以下特点:生产率高,如辊锻的生产率要比锤上模锻高 5~10 倍;锻件质量好,轧制锻件可更接近零件形状,节约金属材料;工人劳动条件好,便于实现机械化、自动化;设备结构简单。零件轧制工艺主要有辊锻、环形件轧制和热轧齿轮等。

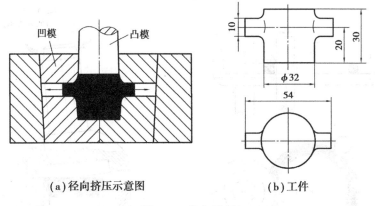

（a）径向挤压示意图　　　　（b）工件

图 3-18　径向挤压 |

① 辊锻。

辊锻是使坯料通过装在一对轧辊上的扇形模块时，受压产生变形的生产方法。其工艺示意图如图 3-19 所示。扇形模块可在轧辊上装拆更换，坯料通过辊轧，截面积减小，长度增加。国内已有多家采用成形辊锻工艺，预成形汽车前轴、连杆等较复杂锻件。

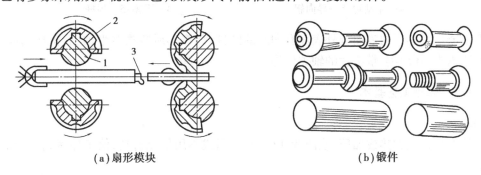

（a）扇形模块　　　　　　　　（b）锻件

图 3-19　辊锻工艺示意图
1—轧辊；2—扇形模块；3—定位块

② 环形件轧制。

环形件轧制是将坯料放置在两高速旋转的成形轧辊中加压，使环形件的截面积缩小、直径增大的一种加工方法。其工艺示意图如图 3-20 所示。该工艺可轧制齿圈、轴承套圈等环形锻件，生产率很高。

（3）摆动辗压

摆动辗压又称旋转成形，其工作原理如图 3-21 所示。上模 1 与垂直轴线成一倾斜角，上模作高频率的圆周摇摆运动，与坯料 2 顶面局部接触。同时，液压柱塞 3 推动下模 4 使坯料向上移动，对摆动的上模加压。当液压柱塞到达预定位置，锻造完毕，柱塞下降，顶杆把成形锻件顶出。摆动辗压为冷锻，其锻造压力仅为一般冷锻设备所需的 5% ~ 10%，这是模具与工件接触部分面积较小的原因。与模锻相比，其材料变形较慢，是逐步进行的，工件表面光滑。锻件尺寸误差为 0.025 mm，表面粗糙度为 $Ra1.6 ~ 0.4\ \mu m$。碾压设备所需吨位较小，设备费用也较低。

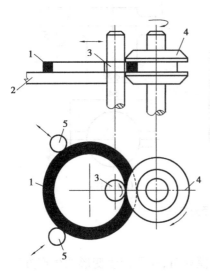

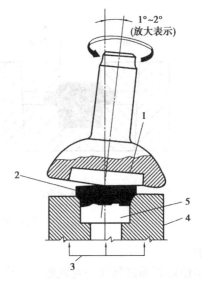

图 3-20　环形件扎制示意图　　　　图 3-21　摆动碾压的工作原理
1—环形件坯料;2—底板;3—从动辊;　　1—上模;2—坯料;3—柱塞;
4—主动辊;5—导向辊　　　　　4—下模;5—顶杆

摆动辗压可加工内表面或外表面有凹凸的锻件,如汽车后桥法兰半轴、后桥从动齿轮,以及各种饼盘类、环形类、带法兰的轴类件等。

3.1.3　焊接工艺基本

1)概述

焊接是指通过加热或加压,或两者并用,并且用或不用填充材料,使工件达到结合的一种方法。

(1)焊接的特点

焊接与其他连接方法有着本质的区别。通过焊接,被连接的焊件不仅在宏观上建立了永久性的联系,而且在微观上建立了组织之间的内在联系。焊接能非常方便地利用型材和采用锻-焊、铸-焊、冲压-焊等复合工艺,制造出各种大型、复杂的机械结构和零件,并可把不同材质和不同形状尺寸的坯材连接成不可拆卸的整体,从而使许多大型复杂的铸件、锻件的生产过程由难变易,由不可能变为可能。

在汽车制造中,焊接生产具有批量大、生产速度快、自动化程度高以及对被焊接零件的装配焊接精度要求高等特点。在生产中,广泛采用专用自动焊机和弧焊机器人工作站。

(2)焊接方法的分类

焊接方法种类繁多。目前,按焊接过程的不同,基本焊接方法分为以下三大类(图3-22):

①熔焊。

熔焊是指将待焊处的母材金属熔化以形成焊缝的焊接方法。实现熔焊的关键,首先是加热热源,其次是必须采取有效的措施隔离空气,以保护高温焊缝。

②压焊。

压焊是指焊接过程中,必须对焊件施加压力(加热或不加热),以完成焊接的方法。

③钎焊。

钎焊是指采用比母材熔点低的金属材料作钎料,将焊件和钎料加热到高于钎料熔点温度、低于母材熔化温度,利用液态钎料润湿母材,填充接头间隙,并与母材相互扩散实现连接的焊接方法。

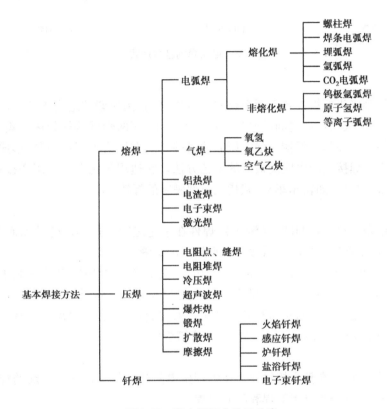

图 3-22　基本焊接方法及分类

2)常见焊接方法

(1)焊条电弧焊

焊条电弧焊是用手工操作焊条进行焊接的一种电弧焊。它具有操作简单灵活,对生产环境及焊接位置的要求的适应性强,对焊接接头装配要求低,以及可焊的金属材料广的特点。由于焊条电弧焊的熔敷速度低,焊接质量受焊工水平的影响大,焊后焊渣的清理较麻烦,因此,在汽车生产线上已较少应用。

(2)电阻焊

电阻焊属于压焊的一种,是利用电流通过焊件接触面所产生的电阻热,将焊件局部加热到高塑性或半熔化状态,并在压力下结晶凝固形成焊接接头的方法。电阻焊的生产率高,焊接变形小,不需要填充金属,劳动条件好,操作简便,易于实现自动化生产。但焊接设备复杂,耗电量大,对焊件厚度和接头形式有一定限制,通常适用于大批量生产。电阻焊的基本形式可分为点焊、缝焊和对焊,如图 3-23 所示。

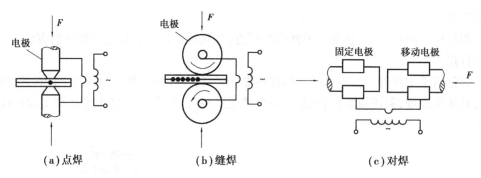

图 3-23　电阻焊的基本形式

①点焊。

将装配成搭接接头的焊件置于两个圆柱形电极之间,预压紧并通电加热。电极是通有冷却水的铜合金,在电极与焊件之间的电阻热被迅速传走,而两焊件接触处热量集中,将金属局部熔化形成熔核,然后断电,保持或增大压力使熔核金属在压力下凝固结晶,形成组织致密的焊点。点焊是汽车焊接生产中应用最广的工艺方法。它适用于制造可采用搭接接头、接头不要求气密性的薄板构件,如轿车车身、载货汽车驾驶室的焊接。

②缝焊。

缝焊的电极是一对旋转的圆盘(滚轮),焊件在滚轮之间一边随滚轮转动而送进,一边受压通过脉冲电流,得到连续的相互重叠的焊点组成的焊缝。

缝焊时,焊点互相重叠,焊件密封性好。但分流现象严重,故焊接相同条件的焊件时,缝焊的焊接电流为点焊的 1.5~2 倍。在焊接工艺中,通常采用连续送进、间断通电的操作方法,以保证焊件和滚轮有足够的冷却时间和节约电能。采用缝焊焊接时,两焊点要有足够的重叠部分。缝焊只适用于 3 mm 以下要求密封性好的薄壁结构。

③对焊。

对焊是用对接方式,在整个接触面上通电产生电阻热使焊件连接在一起的焊接方法。根据焊接过程的不同,可分为电阻对焊和闪光对焊。

A. 电阻对焊。

将焊件夹紧在电极钳口中并施加预压力,再通电加热,待接触面被加热到塑性状态后,加压顶锻并断电,接触面产生塑性变形而形成焊接接头。电阻对焊接头光滑,无毛刺,而且操作简单,适用于截面简单、直径小于 20 mm 的强度要求不高的焊件。

B. 闪光对焊。

将焊件夹紧在电极钳口中后先通电,再移动电极使焊件接触。因断面接触点少,在强电流和电磁力的作用下,金属迅速熔化并形成火花从接触面中飞出,形成闪光现象。闪光进行一段时间后,焊件端面达到所需温度即进行加压顶锻并断电,使焊件产生塑性变形而焊合成一体。闪光对焊常用于重要焊接件,如汽车发动机排气阀等。

(3)气体保护焊

气体保护焊是利用外加气体进行保护电弧和焊缝的电弧焊。目前,常用的保护气体是氩气和二氧化碳,称为氩弧焊和二氧化碳保护焊。

①氩弧焊。

氩弧焊的保护气体氩气是惰性气体,在高温下,氩气不与金属起化学反应,并保护电弧和熔池不受空气的有害作用。氩弧焊按所用的电极不同,可分为钨极氩弧焊和熔化极氩弧焊。

如图 3-24 所示为钨极氩弧焊示意图。钨极氩弧焊的钨电极常用钍钨电极或铈钨电极。钨棒的熔点很高,焊接时钨棒不熔化,仅有少量损耗。如图 3-24(a)所示,焊丝从一侧送入,熔化后填充焊缝。为了尽量减少钨极损耗,焊接电流不宜过大,常适用于焊接 4 mm 以下的薄板。

如图 3-24(b)所示为熔化极氩弧焊。焊接过程可采用自动焊或半自动焊方式,并选择较大的焊接电流,适用于焊接厚度为 25 mm 以下的焊件。

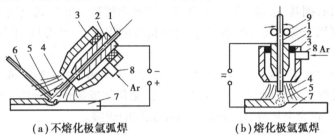

(a)不熔化极氩弧焊　　　　　　　(b)熔化极氩弧焊

图 3-24　钨极氩弧焊示意图

1—焊丝或电极;2—导电嘴;3—喷嘴;4—氩气流;5—电弧;
6—填充焊丝;7—工件;8—进气管;9—送丝辊轮

氩弧焊的特点如下:

a. 用氩气保护使焊接过程无冶金反应,金属只进行熔化。因此,该方法特别适用于焊接非铁金属和各种合金钢,焊接质量好。

b. 电弧在气流压缩下燃烧,热量集中,熔池小,热影响区小,故焊后变形小。

c. 焊接电弧稳定,金属飞溅少,焊接过程中无熔渣,焊缝美观。

d. 可进行全方位焊接,并且明弧操作,便于观察、控制和调整。

e. 氩气成本高,一般情况下不宜采用。

②二氧化碳气体保护焊。

二氧化碳气体保护焊是以 CO_2 作为保护气体,以连续送进的焊丝为电极的焊接方法。其焊接过程和装置与熔化极氩弧焊相似,可采用自动焊或半自动焊方式进行焊接。但 CO_2 是氧化性气体,故不适用于焊接非铁金属。为了保证焊缝中合金元素的含量,应采用硅、锰含量较高的焊丝,如 H08MnSiA,H08Mn2SiA 等。

二氧化碳气体保护焊的特点如下:

a. CO_2 气体来源广、价格低,其焊接成本甚至只有埋弧自动焊和手弧焊的 40% ~ 50%。

b. CO_2 保护焊焊缝含氢量低,抗裂性能好;电弧集中,热影响区小,变形和裂纹倾向小。

c. 焊接时,电流密度大,熔深大,焊接速度快,焊后无清渣过程,故生产率高。

d. 可进行全方位焊接,并可焊接 1 mm 左右的薄钢板。生产中,常用来焊接 30 mm 以下的低碳钢和低合金结构钢。

e. 由于是氧化性气体保护,因此,焊接时造成液滴飞溅大,焊缝成形后不平滑,而且焊接时需要采用直流电源。

（4）钎焊

钎焊是指将熔点比焊件低的钎料加热熔化后渗入固态焊件间的间隙内,将焊件连接起来的焊接方法。钎焊时,焊件常以搭接形式装配好,钎料安放在间隙旁或间隙内,加热后熔化的钎料在熔剂的作用下依靠润湿和毛细现象吸入并保持在固态焊件的间隙内,液态钎料和固态金属相互扩散而形成钎焊接头。在钎焊过程中,使用熔剂的作用是清除母材表面的氧化物和杂质,保护母材和钎料在钎焊过程中免受氧化,增加钎料的渗透能力和对母材的附着能力。根据钎料的熔点不同,钎焊可分为硬钎焊和软钎焊。

①硬钎焊。

钎料熔点高于 450 ℃,接头强度较高(>200 MPa),主要用于受力较大或工作温度较高的工件。常用的钎料有铜基、银基和镍基合金等。熔剂为硼砂、硼酸、氯化物及氟化物的各种组成物。硬钎焊主要用于受力较大的钢材、铜合金构件的焊接,以及刀具、工具的焊接。

②软钎焊。

钎料熔点低于 450 ℃,接头强度低(≤100 MPa),主要用于受力较小或工作温度较低的工件。常用的钎料是锡铅合金(焊锡)。熔剂为松香、氯化锌或氯化铵溶液。软钎焊广泛用于受力不大的钢铁构件、铜合金构件,以及仪表、导电元件的焊接。

钎焊的特点如下:

a. 加热温度较低,母材组织和性能变化小,焊件应力和变形小,可保证焊件的尺寸。

b. 焊接接头光滑平整,无须再进行加工;钎焊可焊接异种金属和厚薄不等的焊件。

c. 对焊件整体加热时,可同时焊接多条焊缝的复杂焊件,生产率很高。

d. 钎焊设备简单,投资较少。但钎焊强度较低,耐热能力差,对焊件清理要求严格,不适用于较重要钢结构和重载、动载机件的焊接。

3）材料的焊接性能

（1）金属材料的焊接性

金属材料的焊接性是指在一定的焊接工艺条件下金属材料获得优质焊接接头的难易程度。它包括两方面的内容:一是工艺焊接性,即金属形成焊接缺陷的敏感性要小;二是使用性能,即金属的焊接接头适应使用时的性能要求。它不仅与金属本身材质有关,还与焊接时采用的工艺条件和焊接方法有关。

（2）碳钢及低合金钢的焊接

低碳钢的碳含量少,焊接性良好。在焊接过程中,不需要任何特殊的工艺措施,几乎所有的焊接方法都能获得优质焊接接头。中碳钢的 $w_c = 0.25\% \sim 0.60\%$。随着碳含量增加,焊接性变差,焊接时应适当进行预热。高碳钢的碳含量高,焊接性很差,一般只对高碳钢工件进行焊补,而不进行结构焊接。

合金钢中作为焊接结构使用的一般是低合金结构钢。在低合金结构钢中,$w_c < 0.4\%$ 时,合金元素含量少,强度级别较低,焊接性良好。当 $w_c = 0.4\% \sim 0.6\%$ 时,含合金元素较多,强度级别较高,焊接性较差;焊接前,一般都要进行预热;焊接时工艺措施要求严格,选用低氢焊条及焊后进行退火处理,以避免产生裂纹和变形。

（3）铸铁的焊补

铸铁的碳、硅含量高,塑性很差,属于焊接性很差的材料。一般铸铁不考虑作为焊接结构件,而只能进行焊补。

（4）有色金属的焊接

有色金属的焊接性较差,其主要原因是:有色金属的焊接一般均具有容易氧化、吸气性大、热导率大及线膨胀系数大等特点。例如,铝合金的焊接常用氩弧焊、气焊、点焊、缝焊及钎焊。其中,以氩弧焊质量最好,焊接时可不用熔剂,焊丝成分与母材相近,但氩气纯度要求大于 99.9%。对要求不高的焊件,可采用气焊。为了去除氧化膜及杂质,必须使用氯化物和氟化物等物质组成的熔剂。

4）焊接件的结构工艺性

设计焊接件时,不仅要考虑焊件的使用性能,还要考虑焊件结构的工艺性能,使焊件生产简便、质量优良、成本低廉。焊件结构工艺性应包括结构材料的选择、接头形式、焊缝布置等。

（1）焊接结构材料的选择

在满足焊接结构件使用性能的前提下,应尽量选用焊接性良好的材料。低碳钢和普通低合金钢的焊接性良好,价格低廉,焊接工艺简单,易于保证焊接质量,应优先选用。而 $w_C > 0.5\%$ 的碳钢和 $w_C > 0.6\%$ 的合金钢焊接性不好,应尽量避免采用。在采用两种不同材料进行焊接时,应注意它们焊接性的差异。

（2）焊接接头形式

熔化焊接头基本形式有对接接头、搭接接头、角接接头及 T 形接头。接头形式的选择主要根据结构形状、使用要求和焊接生产工艺而定。如图 3-25 所示为常用焊接接头的过渡形式。对接接头的应力分布均匀,接头质量容易保证,且节省材料,是用得最多的接头形式,重要的受力焊缝应尽量选用。当接头构成直角或一定角度连接时,则必须采用角接接头和 T 形接头。

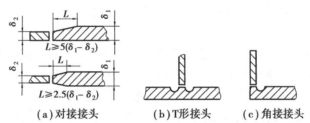

图 3-25　常用焊接接头的过渡形式

当焊件厚度较大时,为保证焊透,接头处应根据工件厚度加工出各种坡口。坡口形式的选择主要应根据板厚和熔透要求,同时应考虑坡口加工的经济性和焊接工艺性。通常要求焊透的重要受力焊缝应尽量采用双面焊,以利于保证质量。

（3）焊缝的布置

焊接结构件的焊缝布置对焊接质量、生产率有很大的影响。其一般的设计原则如下:

①焊缝的位置应便于操作。

②焊缝应避开应力最大和应力集中的部位。

③焊缝布置应尽可能分散。

④焊缝位置应尽可能对称。

⑤焊缝位置应远离加工表面。

3.1.4 冲压工艺基础

1) 概述

(1) 冲压工艺的特点

冲压工艺是一种先进的金属加工方法。它是建立在金属塑性变形基础上,在常温条件下利用模具和冲压设备对板料施加压力,使板料产生塑性变形或分离,从而获得具有一定形状、尺寸和性能的零件。冲压工艺在汽车工业有着广泛的应用。汽车车身是由覆盖件、结构件等组焊而成的全金属薄壳结构,车身本体的零件基本上是采用冲压工艺生产出来的,汽车车身对其冲压件的尺寸精度和表面质量的要求高,只有合格的冲压件才能焊装出合格的白车身。因此,冲压件的质量是汽车车身制造质量的基础,冲压技术是汽车车身制造中的关键技术之一。

冲压与其他金属加工方法相比,具有以下特点:

①生产率高,且操作简便,易实现机械化与自动化。

②车身零件的尺寸精度是由模具保证的,故质量稳定,一般不需要切削加工便可用于装配。

③利用冲压工艺方法可获得其他金属加工方法所不能或难以加工的、形状复杂的零件。

④冲压加工一般不需加热毛坯,也不像切削加工那样需切除大量金属。因此,它不但节能,而且材料利用率高。冲压工艺能获得刚度大、强度高而质量小的零件,适用于进行车身零件的加工。

⑤冲压所用原材料为轧制板料或带料,在冲压过程中材料表面一般不受破坏。因此,冲压零件的表面质量较好,为后续表面处理工序(如涂装)提供了方便。

(2) 冲压工序的分类

由于冲压加工零件的形状、尺寸、精度要求、批量大小、原材料性能等的不同,因此,其冲压方法有多种多样。冲压工序按加工性质的不同,可分为分离工序和成形工序两大类型。分离工序是将冲压件或毛坯在冲压过程中沿一定的轮廓使其相互分离,其冲压零件的分离断面要满足一定的断面质量要求;板料在不破坏的情况下产生塑性变形,获得所需求的形状及尺寸的工序,称为成形工序。冲压最常用的 4 个基本工序为冲裁、弯曲、拉深及成形。

2) 冲压件的结构工艺性

进行冲压件的结构设计时,不仅要保证其使用要求,还要满足冲压工艺性的要求。这样,可减少材料的消耗和工序数,使模具寿命延长,产品质量稳定,操作简单,成本降低。一般而言,对冲压件结构性影响最大的是工件的几何形状、尺寸和精度要求。

(1) 冲裁件的结构工艺性

如图 3-26 所示为冲裁件尺寸与厚度的关系。通过该图分析,可知:

①冲裁件的外形和内孔形状应尽量简单、对称,最好是规则的几何形状或由规则的几何形状(圆弧与互相垂直的线条)组成,避免狭槽、长的悬臂,且其宽度 b 应大于料厚 S 的 2 倍,即 $b>2S$。

②冲裁件直线相接处均要以圆角过渡。一般圆角半径 $R>0.5S$,否则会显著降低模具寿命。

③孔的尺寸不能过小,保证 $d>S$,避免增加孔的冲压难度。

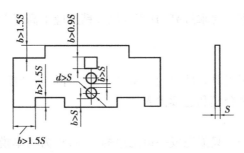

图 3-26　冲裁件尺寸与厚度的关系

（2）弯曲件的结构工艺性

①弯曲件的圆角半径不能小于最小弯曲半径，也不宜过大。圆角半径过大，受回弹影响，弯曲角度和圆角半径的精度不易保证。

②弯曲件的形状应尽量对称，弯曲半径应左右对称，保证板料不会因摩擦阻力不均而产生滑移。如工件不对称时，为防止板料偏移，在模具结构的设计时，可考虑增设压紧装置或定位工艺孔。

③弯曲边不要过短，应使弯曲边平直部分的高度 $H>2S$，如图 3-27（a）所示。

④弯曲带孔件时，孔的位置如图 3-27（b）所示，$L>(1.5\sim2)S$，这样可避免孔的变形。

⑤弯曲件的尺寸精度一般不应超过 IT10—IT9。

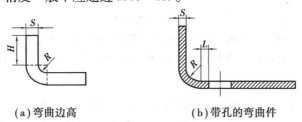

（a）弯曲边高　　　　　　　（b）带孔的弯曲件

图 3-27　弯曲件边高与带孔的弯曲件

（3）拉深件的结构工艺性

①拉深件形状力求简单，避免圆锥形、球面形和空间复杂曲面形，尽量采用轴对称的形状，使零件变形均匀和模具加工制造方便。

②应使拉深件高度尽可能减低，过高、过深的拉深件易出现废品，需要多次拉深。

③对半敞开或不对称的拉深件可采用合冲工艺，即将两个或几个零件合并成对称形状，一起冲压，然后切开，以减少工序、节约材料、保证质量。

④对带凸缘拉深件的凸缘宽度要适当。凸缘过宽，需增加拉深次数；但凸缘尺寸过小，拉深时压边圈不易压住，反而容易起皱。凸缘的合理尺寸为

$$d + 12S \leqslant dT \leqslant d + 25S$$

式中　d——拉深件内径，mm；

　　　d_T——凸缘直径，mm；

　　　S——坯料厚度，mm。

⑤拉深圆筒形件时，底与壁间的圆角半径应满足 $r_p \geqslant S$，凸缘与壁间的圆角半径要满足 $r_d \geqslant 2S$。建议 $r_p \approx (3\sim5)S$，$r_d \approx (4\sim8)S$。矩形盒角部的圆角半径 $r \geqslant 3S$。为减少拉伸次数，尽可能按公式选取（H 为矩形盒高）。

⑥拉深件的尺寸精度不能要求过高,其高度尺寸精度应不高于 IT17—IT16,直径尺寸精度应不高于 IT16—IT12。

3)冲模

冲模是冲压必要的专用工具。冲模的结构与质量对冲压生产极为重要。根据工序的复合程度,冲模可分为简单模、复合模和连续模 3 种。

(1)简单模

在压力机一次工作行程中只能完成一道工序的冲模,称为简单模。如图 3-28 所示为一落料用简单模。凸模 1 用固定板 6 固定在上模板 3 上,凹模 2 用压板 7 固定在下模板 4 上,上模板则通过模柄 5 与压力机的滑块联接。因此,凸模可随滑块作上下运动。板料在凹模上沿导板 9 送进,碰到定位销 10 为止。当凸模下压时,冲下工件进入凹模孔,坯料在凸模回程时,碰到卸料板 8 时被推下,完成一次冲压。

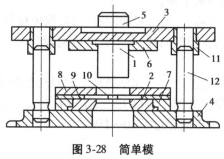

图 3-28　简单模

1—凸模;2—凹模;3—上模板;4—下模板;5—模柄;6—固定板;
7—压板;8—卸料板;9—导板;10—定位销;11—导套;12—导柱

(2)连续模

在滑块一次冲压行程中,在同一冲模的不同部位上同时完成两道或数道工序的冲模,称为连续模。如图 3-29 所示为冲孔、落料连续模。其中,左右两凸模 1 和 4 分别作落料、冲孔用,而凹模 3 和 5 则在两凸模下的相应位置设有模孔,在落料凸模 1 下侧有定位销 2,以便对准预先冲出的工件。

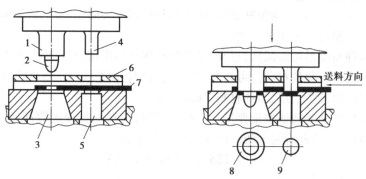

图 3-29　冲孔、落料连续模

1—落料凸模;2—定位销;3—落料凹模;4—冲孔凸模;5—冲孔凹模;
6—卸料板;7—板料;8—工件;9—废料

(3)复合模

在压力机的一次冲程中,在模具同一部位上完成数道冲压工序的冲模,称为复合模。复合模应用于产量大、精度高的冲压件生产。

3.2　粉末冶金

3.2.1　概述

粉末冶金是以分割成很细小的金属或非金属粉末颗粒作原料,通过固结使其成为具有一定形状制品的技术。其制品统称为粉末冶金零件或烧结零件。粉末冶金零件是机械制造工业中的一大类通用性基础零件。它一般包括结构零件、减摩零件和摩擦零件。

汽车工业中使用的各类粉末冶金零件,已占粉末冶金总产量的 70% ~ 80% 。零部件的高强度化、高精度化以及低成本化使粉末冶金零件在汽车上的使用量越来越多,如汽车发动机的气门座、粉末冶金链轮和带轮等。

粉末冶金工艺过程包括粉料制备、成形、烧结及后续处理等工序。其工艺流程如图 3-30所示。

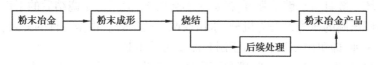

图 3-30　粉末冶金工艺流程

3.2.2　粉末的制取

制粉方法大体上可归纳为机械法和物理化学法两大类。机械法是将原材料机械地粉碎,而化学成分基本上不发生变化的工艺过程;物理化学法是借助化学或物理的作用,改变原材料的化学成分或聚集状态而获得粉末的工艺过程。从工业规模而言,制粉应用最广泛的方法是雾化法、还原法和机械法。

1) 雾化法

如图 3-31 所示为雾化法示意图。依靠自重从漏包中流出的金属液流被从喷嘴喷射出的高压气体或水冲击,雾化成粉。喷射流的主要作用是:把熔融液流击碎成细小的液滴;通过急冷使细小的液滴凝固。

2) 还原法

使氧化物和盐类发生还原反应制取粉末,称为还原法。在工业上,还原法被广泛地用来制取铁、铜、镍、钴、钨、钼等金属粉末。还原法制取的粉末不仅经济,而且制粉过程较简单,在生产时容易控制粉末的颗粒大小和形状。还原法制得的粉末还具有很好的压制性和烧结性。

3) 机械法

机械法是指利用破碎机、锤击机或球磨机粉碎材料,生产细小颗粒的粉末。最常见的球磨

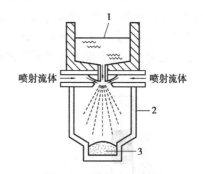

图 3-31　雾化法示意图
1—熔融金属;2—集气室;3—金属粉末

机是利用回转筒内不断抛落的钢球破碎金属。

其他生产粉末的方法,如电解法、化学沉积法和高速冲击法,一般应用较少。

3.2.3 零件的成形

通常,粉末制取后,粉末冶金的工艺过程包括以下3个步骤:

①粉末混合。

②粉末压紧。在这个工序中,将金属粉末制成具有一定形状、尺寸、孔隙度及强度的预成形坯。

③粉末烧结。将粉末压坯在低于熔点的适当温度中受热,颗粒之间发生黏结,烧结体的强度增加,而且多数情况下密度也提高。如果烧结条件控制得当,烧结体的密度以及其他物理、力学性能可接近或达到相同成分的致密材料。

1)钢模压制

粉末压紧时,需要较高的压力使粉末成为所需形状。常用的工艺方法称为钢模压制。压制时,两个方向相反的冲头挤压位于模腔中的粉末,如图3-32所示。压制后的工件,称为预成形坯。预成形坯一般具有足够的强度,搬运时不会破裂,但远低于烧结后的工件强度。

常用的钢模压制的压力设备为机械、水压或两者的结合。根据工件的复杂程度,钢模压制的基本方式有3种,即单向压制、双向压制和浮动阴模压制。

在单向压制时(图3-32(a)),阴模和下模冲头不动,由上模冲头单向加压,压力施加在粉末坯料的上顶部,粉末坯料与阴模之间的摩擦,使预成形坯的底部和顶部的密度不均匀。使用润滑剂,可减小粉末坯料与模壁之间的摩擦力,从而使沿高度方向的密度不均匀的程度降低。

采用双向压制法(图3-32(b))可减小预成形坯中密度分布的不均匀性。在双向压制时,压力是同时从上下两个方向施加在粉末坯料上的。对于采用双向压制所得到的预成形坯来说,与冲头接触的两端密度较高,而中间部分的密度较低。但总体来看,采用双向压制方法,可使像单向压制时的沿高度方向密度的不均匀性得到改善,适于压制较长的制品。

浮动阴模压制(图3-32(c))是在双向压制的基础上发展起来的粉末压制方法。在浮动阴模压制时,下模冲头固定不动,阴模安放在弹簧(也可安装在液压缸上),使之可以浮动。当上模冲头进入模腔压制粉末时,粉末与阴模内表面之间的摩擦力使阴模克服弹簧的阻力向下运动,阴模的运动会产生与下冲头运动相同的效果。阴模的运动方向与粉末沿高度上的位移方向是一致的,从而使粉末预成形坯密度沿高度分布趋于均匀。

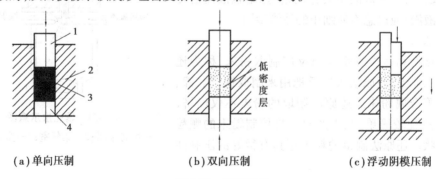

(a)单向压制　　　　　　　(b)双向压制　　　　　　　(c)浮动阴模压制

图3-32　钢模压制

1—上模冲头;2—阴模;3—粉末;4—下模冲头

2）烧结

烧结是将粉末预成形坯在适当的温度和气氛条件下加热所发生的现象或过程。它把粉末预成形坯加热到低于其中基本成分熔点的温度下保温,然后以各种方式和速度冷却到室温。在此过程中,发生一系列物理和化学的变化,粉末颗粒的聚集体变成为晶粒的聚结体,从而获得具有所需物理、力学性能的制品或材料。由于粉末冶金生产属于大批量生产,因此,大多烧结炉设计成自动进料方式。一般包括 3 个步骤:预热、烧结和冷却。

随着粉末冶金工业的发展,粉末冶金出现许多新工艺,并获得迅速发展,如热压成形、粉末挤压、粉末锻造、粉末扎制、等静压成形及喷射成形等。这些先进工艺的特点是:具有更高的生产率;采用加热压实,以减小成形压力,提高压实密度,并增加制件强度;提高制件表面质量;扩大应用范围,等等。

3.3 塑料成型工艺基础

3.3.1 概述

1）塑料组成成分

塑料的主要成分是合成树脂。合成树脂是由相对分子质量小的物质经聚合反应而制得的相对分子质量大的高分子聚合物,有聚氯乙烯、聚乙烯、聚丙烯、聚苯乙烯、聚酰胺、聚碳酸酯、酚醛树脂、聚氨酯及环氧树脂等。简单组分的塑料基本上以树脂为主要成分,不加或加入少量助剂;多组分的塑料除树脂外,还需加入其他一些助剂,如增塑剂、稳定剂、润滑剂、填充剂、阻燃剂、发泡剂及着色剂等,用于改善塑料的加工性能和使用性能。

2）塑料分类

塑料的种类很多。按其使用特性,可分为通用塑料、工程塑料和功能塑料。

（1）通用塑料

通用塑料一般只能作为非结构材料使用。其产量大,用途广,价格低。一般主要有聚乙烯、聚丙烯、聚氯乙烯、酚醛塑料及氨基塑料等。

（2）工程塑料

工程塑料作为工程结构材料使用,力学性能优良,能在较宽温度范围内承受机械应力和在较为苛刻的化学、物理环境中使用。一般主要有聚酰胺、聚碳酸酯、聚甲醛、ABS、聚苯醚、聚砜、聚酯以及各种增强塑料等。

（3）功能塑料

功能塑料是指用于特种环境中具有某种特殊性能的塑料。一般主要有医用塑料、光敏塑料、导磁塑料、高温耐热塑料及高频绝缘性塑料等。

3）交联高聚物形态塑料

高聚物在成形过程中,大分子链结构由线型或支链型形成网状或立体结构的反应,称为交联反应。通过交联反应制得的高聚物,称为交联高聚物或体型高聚物。其力学强度、耐热性、化学稳定性和尺寸稳定性均有很大提高。因此,交联高聚物塑料在生产、生活中用途广泛。

3.3.2 注射成型原理和工艺过程

注射成型又称注塑成型,是热塑性塑料制件的一种主要成型方法。某些热固性塑料也可采用注射方法成型。注射成型所用的设备是注射机。如图3-33所示为螺杆式注射机结构示意图。将颗粒状或粉状塑料从注射机料斗送入高温的料筒;塑料受到料筒加热和螺杆的剪切摩擦热作用而逐渐熔融塑化,并不断被螺杆压实同时被推向料筒前端,产生一定压力,使螺杆在转动的同时,缓慢地向后移动,当螺杆退到预定位置,触及限位开关时,螺杆即停止转动;注射活塞带动螺杆按一定的压力和速度,将积存于料筒端部的塑料黏流态熔体经喷嘴注入模具型腔;充满模腔的熔料经一定时间的保压冷却定型后,开模分型脱模取出塑件,获得具有一定形状和尺寸的塑料制件;塑件经注射成型后,除去浇口凝料、余料和飞边毛刺。有些制件还需要进行消除应力或稳定性能的后处理。

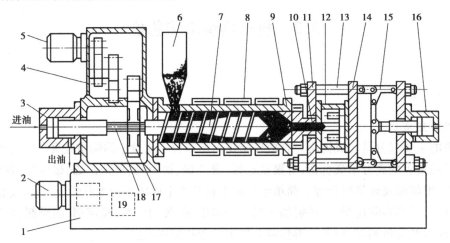

图 3-33 螺杆式注射机结构示意图

1—机身;2—电动机及液压泵;3—注射液压缸;4—齿轮箱;5—齿轮传动电动机;
6—料斗;7—螺杆;8—加热器;9—料筒;10—喷嘴;11—定模固定板;
12—模具;13—拉杆;14—动模固定板;15—合模机构;16—合模液压缸;
17—螺杆传动齿轮;18—螺杆花键;19—油箱

注射成型在汽车塑料制品生产中所占的比例很大,如保险杠、通风格栅、仪表板、座椅靠背、护风圈及空调机壳等大型零件,以及各种开关、把手、结构件、装饰件、减摩耐磨件、轮罩及护条等小型零件。

3.3.3 压缩和压注成型工艺

1)压缩成型的工作原理

压缩成型是首先将粉状、粒状或纤维状的热固性塑料放入模具加料腔内(图3-34(a)),然后合模加热使其熔融,并在压力作用下使塑料流动而充满模腔(图3-34(b)),同时塑料高分子发生交联固化而定型,最后脱模,即得到所需制品(图3-34(c))。

压缩成型主要用于热固性塑料零件的生产。热塑性塑料也可采用压缩成型,在成型前一阶段与热固性塑料相同,但由于没有交联反应,故必须冷却固化才能脱模,因此,需要模具交替加热与冷却。其生产周期长,只在模压较大平面热塑性塑料零件时才采用压缩成型。压缩成型适用于汽车大型零件的生产,如导流板、车门、门梁柱及顶盖等。

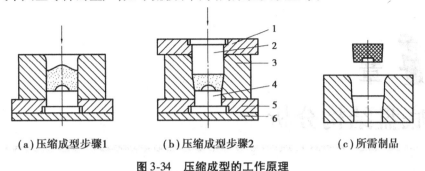

(a)压缩成型步骤1　　(b)压缩成型步骤2　　(c)所需制品

图 3-34　压缩成型的工作原理

1—凸模;2—上凸模;3—凹模;4—下凸模;5—凸模固定板;6—下模座

2)压注成型的工作原理

压注成型是在改进压缩成型的基础上发展起来的一种热固性塑料的成型方法。其工作原理如图 3-35 所示。模具闭合后,将塑料(预压锭)加入已加热到一定温度的模具加料室中使其受热熔融,如图 3-35(a)所示。在柱塞压力作用下,塑料熔融体经过模具浇注系统注入并填满闭合的型腔,如图 3-35(b)所示。塑料在型腔内继续受热受压而固化成型,最后打开模具取出塑件,如图 3-35(c)所示。

在压注成型中,塑料在型腔内预先受热熔融,在压力作用下注入型腔。因此,能制作成型状带有深孔或形状复杂的塑料零件,也可制作带有精细嵌件的塑料零件,塑料零件的密度和强度也较高。由于塑料成型前模具已完全闭合,因此,塑料精度易保证,表面粗糙度值也较小,塑料零件上只有少许模具分型面造成的很薄的塑料飞边。

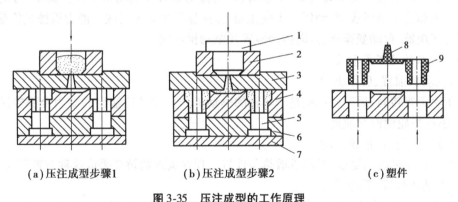

(a)压注成型步骤1　　(b)压注成型步骤2　　(c)塑件

图 3-35　压注成型的工作原理

1—柱塞;2—加料腔;3—上模板;4—凹模;5—型芯;
6—型芯固定板;7—下模板;8—浇注系统;9—塑件

第**4**章
汽车底盘结构分析

※※※※※※※※※※※※※※※※※※※※※※※※※※※※※※※※※※

4.1 传动系统

汽车传动系统的基本作用是将发动机输出的动力传给汽车的驱动车轮,产生驱动力,使汽车能以一定速度行驶。汽车传动系统分为机械式传动系统和液力机械式传动系统。

4.1.1 传动系统概述

1)传动系统的组成

机械式传动系统主要由离合器、变速器、万向传动装置及驱动桥组成。其中,万向传动装置由万向节和传动轴组成,驱动桥由主减速器、差速器和半轴等组成。液力机械式传动系统主要由液力变矩器、自动变速器、万向传动装置及驱动桥组成。

2)传动系统的布置形式

(1)发动机前置、后轮驱动

前车轮负责转向,后车轮承担整个车辆的驱动工作。发动机输出的动力全部输送到后驱动桥上,驱动后轮使汽车前进。

(2)发动机前置、前轮驱动

这种形式操纵机构简单,发动机散热条件好。现在大多数轿车采取这种布置形式。

(3)发动机后置、后轮驱动

发动机后置,使前轴不易过载,并能充分地利用车厢面积,还可有效地降低车身底板的高度或充分利用汽车中部底板下的空间安置行李,也利于减轻发动机的高温和噪声对驾驶员的影响。它主要应用于大型客车。

(4)四轮驱动

汽车前后轮都有动力,可按行驶路面状态不同而将发动机输出转矩按不同比例分配在前后所有的轮子上,以提高汽车的行驶能力。一般用4×4或4WD来表示。

4.1.2　离合器

离合器是汽车传动系统中一个重要的部件。它主要用来结合或切断动力的传递,以满足汽车在起步、行驶、制动等情况时的需要。它安装在发动机的后面,主动部分与飞轮相联,从动部分与变速器相联,由驾驶员通过脚踩踏板来操纵。

1)离合器的分类

常用的离合器分为周布螺旋弹簧离合器和膜片弹簧离合器。膜片弹簧离合器广泛应用于轿车及中小型汽车上。

2)膜片弹簧离合器的结构

离合器主要由以下部分构成:

(1)主动部分

离合器的主动部分包括飞轮、离合器盖和压盘等。它们与发动机曲轴连在一起,并始终与曲轴一起转动。

(2)从动部分

离合器的从动部分由减振弹簧、花键轴套、波形弹簧片及摩擦片等组成。

(3)压紧机构

离合器的压紧机构主要是螺旋弹簧或膜片弹簧,以离合器盖为依托,将压盘压向飞轮,从而将从动盘压紧。

(4)操纵机构

离合器的操纵机构主要有机械绳索式操纵机构和液压式操纵机构两种。

①机械绳索式操纵机构。

其拉索的一端连于踏板组件;另一端连于离合器分离叉的外端,此端上有螺纹,配有调整螺母和锁定螺母,可实现踏板的自由行程调整。

②液压式操纵机构。

液压式操纵机构主要由离合器主缸(也称总泵)、液压管路和离合器工作缸(也称分泵)组成。

踩下离合器踏板时,活塞左移,在压缩回位弹簧的同时放松了阀杆,锥形回位弹簧使杆端阀门压紧在主缸的前端,密封了主缸与储油罐之间的通孔,继续踩下离合器踏板,则缸内油液就在活塞及皮圈的作用下,压力上升,并通过管路输向工作缸。工作缸内压力升高,推动活塞和推杆移动,使分离叉工作。

当抬起离合器踏板时,回位弹簧的一端使主缸活塞后移,另一端使前弹簧座压在主缸缸体的前端,活塞后移到位时,通过后弹簧座拉动阀杆及杆端密封圈阀门,压缩锥形弹簧,打开储油罐与主缸的通孔,并通过前弹簧座径向和轴向槽,使管路与工作缸相通,整个系统无压力。

3)离合器的工作原理

离合器盖通过螺栓固定在发动机飞轮上,压盘弹簧通过压盘将从动盘紧压在发动机飞轮上,从动盘的键槽套在变速器的输入轴上。当发动机旋转时,带动离合器盖和压盘旋转,通过从动盘和飞轮间产生的摩擦力带动从动盘旋转,将动力传给变速器。

分离杠杆装在离合器盖和压盘上,当踩下离合器踏板时,通过分离叉、分离套筒和分离轴承推动分离杠杆,分离杠杆将压盘向后移动,压在从动盘上的压力消失,离合器从动盘和飞轮间的摩擦力消失,动力中止传递。

4.1.3　手动变速器

变速器的作用如下:

①在较大范围内改变汽车的行驶速度和汽车驱动轮上转矩数值。

②在汽车发动机旋转方向不变的前提下,利用倒挡实现汽车倒向行驶。

③在发动机不熄火的情况下,利用空挡中断动力传递,可使驾驶员松开离合器踏板离开驾驶位置,且便于汽车启动、急速、换挡和动力输出。

1)变速器的分类

(1)手动变速器(MT)

手动变速器(Manual Transmssion,MT)也称手动挡,即必须用手拨动变速杆才能改变变速器内的齿轮啮合位置,改变传动比,从而达到变速的目的。手动变速器在操纵时必须踩下离合器,方可拨动变速杆。一般来说,如果驾驶者技术好,手动变速的汽车在加速、超车时比自动变速车快,也省油。

(2)自动变速器(AT)

自动变速器(Automatic Transmission,AT)利用行星齿轮机构进行变速,能根据加速踏板程度和车速变化,自动地进行变速。驾驶者只需操纵加速踏板控制车速即可。自动变速器中有很多离合器,这些离合器能随车速变化而自动分离或合闭,从而达到自动变速的目的。

(3)手动/自动变速器

手动/自动变速器在其挡位上设有"+""-"选择挡位。在 D 挡时,可自由变换降挡(-)或加挡(+),如同手动挡一样。现在的自动挡车的转向盘上又增加了"+""-"换挡按钮,驾驶者能手不离开转向盘加减挡。

(4)无级变速器(CVT)

无级变速器(Continuously Variable Transmission,CVT)是用两个滑轮和一条钢带来变速的。其传动比可随意变化,没有换挡的突跳感觉。无级变速器属于自动变速器的一种。它能克服自动变速器"突然换挡"、节气门反应慢、油耗高等缺点。

2)手动变速器的组成

手动变速器由变速传动机构和变速操纵机构组成。

(1)变速传动机构

变速传动机构分为二轴式变速器和三轴式变速器两种。

①二轴式变速器

应用:发动机前置前轮驱动,发动机后置后轮驱动的汽车。

特点:输入轴与输出轴平行,无中间轴。

②三轴式变速器

应用:发动机前置后轮驱动,多用于轿车以外的各种车型。

结构:第一轴为输入轴,第二轴为输出轴,第三轴为中间轴。

(2)变速操纵机构

变速操纵机构主要由变速操纵杆、拨叉、拨叉轴、锁止装置及变速器盖等组成。驾驶员直接操纵变速杆来改变齿轮副的啮合,以获得不同的传动比。根据变速杆与变速器的相对位置的不同,可分为直接操纵式变速操纵机构和远距离操纵式变速操纵机构两种。

①直接操纵式变速操纵机构。

一般前置发动机后轮驱动汽车的变速器距离驾驶员座位较近,变速杆等外操纵机构多集中安装在变速器箱盖上,结构简单,操纵容易且准确。

②远距离操纵式变速操纵机构。

在发动机后置或前轮驱动的汽车上,通常汽车变速器距离驾驶员座位较远,变速杆和变速器之间通常需要用连杆机构联接,进行远距离操纵。

(3)同步器

①同步器的作用。

使接合套与待接合齿圈两者之间能迅速同步;阻止在同步之前齿轮进行啮合;防止产生接合齿圈之间的冲击;缩短换挡时间,迅速完成换挡操作;延长齿轮使用寿命。

②同步器的组成及分类。

目前,所使用的同步器几乎都是采用摩擦式同步装置,但其锁止装置不同,因此,工作原理也有所不同。按工作原理,可分为常压式、惯性式和自行增力式等。目前,广泛采用的是惯性式同步器。惯性同步器按结构,可分为锁环式和锁销式两种。

4.1.4　自动变速器

自动变速器的特点如下:

①汽车起步更加平稳。

②使汽车能以很低的速度稳定行驶。

③可自动适应道路阻力的变化。

④便于实现自动换挡,减轻驾驶员体力消耗。

⑤采用液力元件,消除了动力传动的动载荷。另外,避免了换挡中产生的冲击。

⑥结构复杂,制造精度和成本高。

⑦传动效率较手动变速器低。

1)自动变速器的驱动类型

(1)后驱动自动变速器

后驱动自动变速器的变矩器和齿轮变速器的输入轴及输出轴在同一轴线上,故轴向尺寸较大;阀体总成布置在齿轮变速器下方的油底壳内。

(2)前驱动自动变速器

前驱动自动变速器除了具有与后驱动自动变速器相同的组成部分外,在自动变速器的壳体内还装有差速器,故称自动变速驱动桥。

前驱动汽车的发动机有纵置和横置两种。纵置发动机的前驱动自动变速器的结构和布置与后驱动自动变速器基本相同,只是在后端增加了一个差速器;横置发动机的前驱动自动变速器通常将输入轴和输出轴设计成两条轴线的方式,变矩器和齿轮变速器输入轴布置在上方,输出轴布置在下方,阀体总成布置在变速器的侧面或上方,以保证自动变速器总体的轴向尺寸。

2)自动变速器的组成

自动变速器的品种很多,外部形状和内部结构也不同,但它们的组成基本相同。它主要由液力变矩器、齿轮变速器和液压控制系统组成。

（1）液力变矩器

液力变矩器的作用是使发动机产生的转矩成倍增长；起到自动离合器的作用，传送发动机转矩至变速器；缓冲发动机及传动系统的扭转振动；兼起到飞轮的作用，使发动机转动平稳；驱动液压控制系统的油泵。

典型的液力变矩器由泵轮、涡轮、导轮及壳体组成。液力变矩器的外壳通过螺栓固定到发动机的飞轮上，这样液力变矩器的转速将始终等于发动机的转速。

（2）齿轮变速器

自动变速器中的齿轮变速器分普通齿轮式和行星齿轮式两种。采用普通齿轮式的变速器尺寸较大，最大传动比较小，只在少数车型中采用。大多数轿车采用行星齿轮式的变速器。

行星齿轮变速器由行星齿轮机构和换挡执行机构组成。

①行星齿轮机构。

行星齿轮机构由太阳轮、齿圈、行星架以及支承在行星架上的行星齿轮组成。

按照齿轮的排数不同，行星齿轮机构可分为单排行星齿轮机构和多排行星齿轮机构两种；按照太阳轮和齿圈之间的行星齿轮组数的不同，行星齿轮机构可分为单行星齿轮式和双行星齿轮式两种。

②换挡执行机构。

换挡执行机构主要有离合器、制动器和单向离合器等。

A. 离合器。

离合器的作用是将行星齿轮变速系统的输入轴和行星排的某个基本元件联接，或将行星排的某两个基本元件联接在一起。它是自动变速器中最重要的换挡执行元件之一。现代汽车用的自动变速器中都采用多片湿式摩擦离合器。它由离合器鼓、离合器支架、离合器活塞、回位弹簧、钢片、摩擦片、调整垫片及密封圈等组成。

B. 制动器。

制动器的作用是将行星排中的太阳轮、齿圈和行星架 3 个基本元件中的一个加以固定，使之不能旋转。制动器的结构形式较多。目前，最常见的是带式制动器和多片湿式制动器。

C. 单向离合器。

单向离合器的作用是用于固定或联接行星排中的太阳轮、行星架或齿圈等基本元件。其联接和固定只是单向的，当与之相联接的元件受力方向与锁止方向相同时，该元件即被固定或联接；当受力方向与锁止方向相反时，该元件即被释放或脱离联接。常见的单向离合器有滚柱斜槽式和楔块式两种。

（3）液压控制系统

液压控制系统的作用是根据自动变速器操纵手柄的位置以及汽车行驶状态（车速、负荷等因素），按照设定的换挡规律，在汽车行驶过程中自动选择挡位，并通过控制换挡执行元件的工作改变齿轮变速器的传动比，从而实现挡位的变换。

液压控制系统由油泵、控制阀、液压油及油路等组成。

①油泵。

油泵的主要作用是为自动变速器中的变矩器、换挡执行机构、液压控制阀等部分提供所需的一定压力的液压油，以保证其正常工作。因此，在发动机运转时，不论汽车是否行驶，油泵都在运转。油泵安装在变矩器的后方，由变矩器壳后端的轴套驱动。

②控制阀。

液压式控制系统中的大部分控制阀都位于阀体总成中,通过变速器壳体和变速器轴上的油道与油泵、变矩器及各个换挡执行元件相通。自动变速器的控制阀体通常用螺栓固定于变速器壳体的下部、油底壳上方。它包括上下阀体两部分。在上下阀体之间有垫片和隔板,上下阀体内布置着各种控制阀。

(4)电子控制系统

电液控制自动变速器由齿轮变速器、液压系统和电子控制系统组成。电子控制系统主要由电子控制单元、传感器和执行器组成。

4.1.5　万向传动装置

万向传动装置的作用是在轴线相交且相对位置经常发生变化的两轴之间传递动力。它主要应用于联接变速器与驱动桥、变速器与分动器、转向驱动桥、断开式驱动桥及联接转向操纵机构等。万向传动装置一般由两个万向节和一根传动轴组成。当传动距离较远时,还需采用分段式传动轴,在中部加装中间支承。

1)不等速万向节

不等速万向节又称十字轴式刚性万向节,允许相邻两轴的最大交角为 15° ～ 20°,在汽车上应用最广。两个万向节叉分别与主动轴、从动轴相联。

2)等速万向节

等速万向节是把两个轴线不重合的轴联接起来,并使两轴以相同的角速度传递运动的机构。

3)传动轴

在有一定距离的两部件之间采用万向传动装置传递动力时,一般需要在万向节之间安装传动轴。有些轿车没有传动轴,由变速器输出轴直接驱动左右半轴。有些汽车的传动轴是两段式的,在联接处装有中间轴承,这种类型的传动轴可有效地避免因共振造成的破坏。

4.1.6　驱动桥

驱动桥处于动力传动系统的末端。其作用是将万向传动装置(或变速器)传来的动力经降速增扭、改变动力传递方向后,分配到左右驱动轮,使汽车行驶,并允许左右驱动轮以不同的转速旋转。

驱动桥是传动系统的最后一个总成。它由主减速器、差速器、半轴及桥壳等组成。

1)驱动桥的类型

(1)整体式驱动桥

整体式驱动桥采用非独立悬架。其驱动桥壳为一刚性的整体,两端通过悬架与车架联接。行驶时,左右驱动轮不能相互独立地跳动,整个车桥和车身会随着路面的凸凹变化而发生倾斜。这种结构多用于汽车的后桥上。

(2)断开式驱动桥

断开式驱动桥采用独立悬架。其主减速器固定在车架上,驱动桥壳制成分段并用铰链联接,半轴也分段并用万向节联接。驱动桥两端分别用悬架与车架联接。这样,两侧的驱动轮及桥壳可彼此独立地相对于车架上下跳动,而车身不会随车轮跳动,提高了行驶平顺性和通过性。

2）驱动桥的主要零部件

（1）主减速器

①主减速器的作用。

主减速器的作用是将输入的转矩增大，转速降低，并将动力传递方向改变后（横向布置发动机的除外）传给差速器。

②主减速器的分类。

A. 单级主减速器。

单级主减速器结构简单，质量小，体积小，传动效率高，主要应用于中型以下货车及轿车。当发动机横向布置时，由于主减速器主动齿轮轴线与差速器轴线平行，因此，主减速器采用一对斜齿圆柱齿轮传动即可，无须改变动力的传递方向。而当发动机纵向布置时，由于需要改变动力传递方向（一般为 90°），因此，主减速器都采用一对圆锥齿轮传动。

B. 双级主减速器。

当汽车要求主减速器具有较大的传动比时，由一对锥齿轮构成的单级主减速器已不能保证足够的离地间隙，这时需要采用两对齿轮降速的双级主减速器，以使其既能保证足够的动力，又能减小其外廓尺寸，提高汽车的通过性。

C. 贯通式主减速器。

前面（或后面）两驱动桥的传动轴是串联的，传动轴从离分动器较近的驱动桥中穿过，通往另一驱动桥。

（2）差速器

差速器的作用是将主减速器传来的动力传给左右两半轴，并在必要时允许左右半轴以不同转速旋转，以满足两侧驱动轮差速的需要。

汽车上普遍采用行星齿轮式差速器。它主要由差速器壳、行星齿轮架、行星齿轮及半轴齿轮等组成。

（3）半轴

半轴用来将差速器半轴齿轮的输出转矩传到驱动轮或轮边减速器上。在非断开式驱动桥内，半轴一般是实心的；在断开式驱动桥内，往往采用万向传动装置给驱动轮传递动力；在转向驱动桥内，半轴一般分为内半轴和外半轴两段，中间用等速万向节相联接。

（4）桥壳

驱动桥壳一般由主减速器壳和半轴套管组成。其内部用来安装主减速器、差速器和半轴等；其外部通过悬架与车架相联，两端安装制动底板并联接车轮，承受悬架和车轮传来的各种作用力和力矩。它分为分段式桥壳和整体式桥壳。

4.2　行驶系统

汽车行驶系统的作用是支承全车的质量，并保证汽车正常行驶。行驶系统一般由车架（或承载式车身）、车桥（前后车桥）、车轮及悬架（前后悬架）等组成。

4.2.1　车架与车桥

1) 车架

车架的作用是用来安装汽车的各总成和部件,并使它们保持正确的相对位置;同时,承受来自车上和地面的各种静、动载荷。

汽车车架按其结构形式,可分为边梁式车架、中梁式车架和综合式车架。许多轿车和公共汽车没有单独的车架,而以车身代替车架,主要部件联接在车身上,称为承载式车身。

(1) 边梁式车架

边梁式车架由位于左右两侧的两根纵梁和若干横梁构成。它们之间采用铆接或焊接连接。边梁式车架能给改装变形车提供一个方便的安装骨架,因而在载重汽车和特种车上得到广泛采用。

(2) 中梁式车架

中梁式车架只有一根位于汽车中央的纵梁。纵梁断面为圆形或矩形,其上固定有横向的托架或连接梁,使车架呈鱼骨状。

(3) 综合式车架

车架前部是边梁式,而后部是中梁式,这种车架称为综合式车架(也称复合式车架)。它同时具有中梁式和边梁式车架的特点。

(4) 车身代替车架

大多数轿车和部分大型客车取消了车架,而以车身兼代车架的作用,即将所有部件固定在车身上,所有的力也由车身来承受,这种车身称为承载式车身。承载式车身无车架,可减轻整车质量;可使地板高度降低,使上下车方便。

2) 车桥

车桥通过悬架与车架相联,两端安装车轮。其作用是传递车架与车轮之间的各种力和力矩。车桥一般分为支持桥、转向桥、驱动桥及转向驱动桥4种类型。

(1) 支持桥

支持桥仅用于联接安装左右车轮,既不产生驱动力,也不实现转向。有些单桥驱动的三轴汽车,往往将后桥设计成支持桥。挂车上的车桥也是支持桥。发动机前置前轮驱动的轿车的桥也属于支持桥。

(2) 转向桥

转向桥的作用是使车轮偏转一定角度,以实现汽车的转向。一般汽车只有一个转向桥,位于汽车前部。

(3) 驱动桥

驱动桥不仅用于承载,而且兼起驱动的作用。

(4) 转向驱动桥

转向驱动桥是既能转向又能驱动的车桥。前轮驱动汽车和四驱汽车的前桥为转向驱动桥。现代轿车前桥广泛使用转向驱动桥。

4.2.2 悬架

1)机械悬架

(1)悬架的作用及组成

悬架就是车架(或车身)与车桥(或车轮)之间的一切传力联接装置的总称。其作用是把路面作用于车轮上的垂直反力、纵向反力(牵引力和制动力)、侧向反力以及这些反力所造成的转矩传递到车架(或车身)上,减少汽车振动,以保证汽车的正常行驶。

汽车悬架一般由弹性元件、减振器和导向机构(横向稳定杆、摆臂、纵向推力杆等)组成。

(2)悬架的分类

悬架分为独立悬架和非独立悬架。

①非独立悬架。

非独立悬架的结构特点是两侧的车轮由一根整体式车桥相联,车轮连同车桥一起通过弹性悬架与车架(或车身)联接。当一侧车轮因道路不平而发生跳动时,必然引起另一侧车轮在汽车横向平面内发生摆动。

②独立悬架。

独立悬架的结构特点是车桥做成断开的,每一侧的车轮可单独地通过弹性悬架与车架(或车身)联接。其优点是两侧车轮可单独跳动,互不影响,在不平道路上可减少车架和车身的振动,有助于消除转向轮不断偏摆的不良现象。

(3)悬架的主要零部件

①螺旋弹簧和减振器。

螺旋弹簧大多应用在独立悬架上,具有不须润滑、防污性强、占用纵向空间小及弹簧本身质量小的优点,在现代轿车上被广泛采用。但螺旋弹簧只能承受垂直载荷,用它作弹性元件的悬架要加设导向装置。此外,螺旋弹簧变形时,不产生摩擦力。因此,在其悬架中必须装有减振器,用于衰减因冲击而产生的振动。

②钢板弹簧。

钢板弹簧是汽车悬架中使用最为广泛的弹性元件。它由若干片长度不等、宽度相等、厚度不等或相等、曲率半径不等的合金弹簧片叠加在一起组合成一根近似等强度的梁。它主要由主片、副片、弹簧夹、螺栓、套管及螺母等组成。

2)电子控制悬架

(1)电子控制悬架的工作原理

汽车电子控制悬架的工作原理是利用传感器对汽车行驶时路面的状况和车身的状态进行检测,将检测信号输入计算机进行处理,计算机通过驱动电路控制悬架系统的执行器动作,完成悬架特性参数的调整。

(2)电子控制悬架的基本组成

现代汽车电控悬架系统的控制功能和控制方法的不同,其结构形式多种多样,但它们的基本组成和工作原理却是相同的。它由感应汽车运行状况的各种传感器、电子控制单元和执行机构等组成。

①空气压缩机。

空气压缩机由一个小直流电动机驱动,根据悬架 ECU 的信号向干燥器输送提高车高所必需的压缩空气。干燥器中有一个装有硅胶的小箱子,可将空气中的水分过滤掉。排气阀从系统中放出压缩空气,同时排掉干燥器滤出的空气水分。

②悬架执行器。

电磁线圈通电控制挡块动作,直流电动机驱动扇形齿轮作对应方向的偏转,带动控制杆改变减振器的回转阀与活塞杆油孔的连通情况,使减振器的阻尼力按需要的阻尼力大小和方向改变。

③高度传感器。

车身高度传感器的作用是检测汽车行驶时车身高度的变化情况(汽车悬架的位移量),并转换成电信号输入悬架系统的电子控制装置 ECU。常用的车身高度传感器有片簧开关式高度传感器、霍尔集成电路式高度传感器、光电式高度传感器。

④空气弹簧和减振器。

其工作原理是:主、副气室间的气阀体上有大小两个通道。电动机带动空气阀控制杆转动,使空气阀阀芯转过一个角度,改变气体通道的大小,就可改变主、副气室气体流量,使悬架的刚度发生变化。

4.2.3 车轮与轮胎

车轮与轮胎的作用是支承整车,缓和来自路面的冲击力,产生驱动力、制动力和侧向力,产生回正力矩,提高通过性等。车轮与轮胎组成车轮总成。车轮是介于轮胎和车轴之间承受负荷的旋转组件。车轮主要由轮辋、轮辐和轮毂组成。轮辋用于安装轮胎。轮辐是介于车轴和轮辋之间的支承部分。

1)轮的分类

按轮辐的构造,车轮可分为辐板式车轮和辐条式车轮两种。

(1)辐板式车轮

辐板式车轮由挡圈、轮辋、辐板及气门嘴伸出口组成。车轮中用于联接轮毂和轮辋的钢制圆盘,称为辐板。它大多是冲压制成,少数是和轮毂铸成一体。轿车的辐板所用材料较薄,常冲压成起伏多变的形状,以提高其刚度。

(2)辐条式车轮

辐条式车轮的轮辐是钢丝辐条或与轮毂铸成一体的铸造辐条。一般仅用于赛车和某些高级轿车上。

2)轮辋

轮辋俗称轮圈,是车轮周边安装轮胎的部件。我国轮辋规格代号基本上与国际接轨。其名义宽度和名义直径用英寸表示。

①深槽轮辋用于轿车和轻型越野车。

②平底轮辋用于中型货车。

3)轮胎

轮胎是在各种车辆或机械上装配的接地滚动的圆环形弹性橡胶制品。它分为充气轮胎和实心轮胎两种。现代汽车绝大多数采用充气轮胎。

充气轮胎按组成结构不同,可分为有内胎充气轮胎和无内胎充气轮胎两种;充气轮胎按胎体中帘线排列的方向不同,还可分为子午线轮胎和普通斜交轮胎。

（1）轮胎的结构

①有内胎充气轮胎。

有内胎充气轮胎主要由外胎、内胎和垫带组成。内胎中充满压缩空气,外胎用来保护内胎不受损伤且具有一定弹性;垫带放在内胎下面,防止内胎与轮辋硬性接触受损伤。

②无内胎充气轮胎。

无内胎充气轮胎外观上与普通轮胎相似,但胎圈外侧上有若干道同心环形槽纹,在轮胎内空气压力作用下,槽纹能使胎圈紧贴在轮辋边缘上,使之与轮辋保证良好气密性。

③子午线轮胎。

子午线轮胎的帘线与胎面中心线呈 $90°$ 或接近 $90°$ 角排列,帘线分布如地球的子午线,故称子午线轮胎。在帘布层与胎面之间为带束层。带束层内各层帘线与胎面中心线夹角为 $10° \sim 20°$。

④普通斜交轮胎。

普通斜交轮胎的特点是帘布层和缓冲层各相邻层帘线交叉排列,各层帘线与胎冠中心线成 $35° \sim 40°$ 的交角,故称斜交轮胎。在帘布层与胎面之间的为缓冲层。

（2）轮胎花纹

轮胎花纹主要分为普通花纹、越野花纹和混合花纹。普通花纹细而浅,适用于比较好的硬路面;越野花纹凹部深而且粗,在软路面上与地面附着性好,越野能力强,适用于矿山、建筑工地等地面情况;混合花纹介于普通花纹和越野花纹之间,中部为菱形、纵向锯齿形或烟斗形花纹,两边为横向越野花纹,适于城市、乡村之间的路面行驶的汽车。

4.3 转向系统

汽车转向系统的作用是在驾驶员的操纵下改变或保持汽车行驶的方向。它分为机械转向系统和动力转向系统。

4.3.1 机械转向系统

机械转向系统的作用是以人力作为动力来改变和保持汽车的行驶方向。它由转向操纵机构、转向器和转向传动机构三大部分组成。

1）转向操纵机构

转向操纵机构是驾驶员操纵转向器的工作机构。它主要由转向盘和转向轴等组成。

2）转向器

转向器的作用是将转向盘的转动变为齿条轴的直线运动或转向摇臂的摆动,降低传动速度,增大转向力矩,并改变转向力矩的传动方向。常用的转向器有循环球式、齿轮齿条式和蜗杆曲柄指销式等。

3）转向传动机构

转向传动机构由转向摇臂、转向节臂、转向直拉杆及转向横拉杆等组成。其作用是将转向器输出的动力传给转向车轮（转向节）,并使左右车轮按一定关系进行偏转。

4.3.2　动力转向系统

动力转向系统是将发动机输出的部分机械能转化为压力能(或电能),并在驾驶员控制下,对转向传动机构或转向器中某一传动件施加辅助作用力,使转向轮偏摆,以实现汽车转向的一系列装置。采用动力转向系统可减轻驾驶员的转向操纵力。动力转向系统由机械转向器和转向加力装置组成。

1)液压动力转向系统

液压动力转向系统是建立在机械转向系统的基础之上,额外增加了一个液压系统。它一般由动力转向泵、V 形带轮、油管、储油罐及控制阀等组成。由于它工作可靠,技术成熟,因此至今仍被广泛应用。

(1)动力转向器

整体式动力转向器由转阀、齿轮齿条式转向器和转向动力缸组成。转向动力缸的动力直接作用在齿条上,齿条的动力由一端输出。

(2)动力转向泵

动力转向泵是动力转向系统的动力源。转向泵经转向控制阀向转向动力缸提供一定压力和流量的工作油液。目前,转向泵大多采用双作用式叶片泵。

2)电动动力转向系统

电动动力转向系统由转向盘、转向器、直流电动机、转矩传感器、控制单元及转向传动机构等组成。转向器在转向盘和直流电动机的驱动下,通过转向轴把旋转方向的力转换成直线方向的力,然后通过转向臂,实现车轮的转向。

电动动力转向系统根据转矩传感器检测的扭杆转角信号、车速信号、发动机转速信号等来驱动安装在转向柱上的直流电动机,并通过蜗轮和蜗杆降低直流电动机的转速,然后传递给转向主轴来提供辅助动力。

(1)直流电动机

直流电动机的工作原理是将直流电源通过电刷接通电枢绕组,使电枢导体有电流通过。电动机内部有磁场存在。载流的转子导体将受电磁力作用进行旋转运动。所有导体产生的电磁力作用于转子使转子绕电动机轴旋转,以便拖动机械负载。当通过的直流电方向改变时,电动机的旋转方向也随之改变。

(2)转矩传感器

转矩传感器安装在转向主轴上。其主要作用是检测车辆在进行转向动作时,提供给电子控制单元一个转向角和转向转矩信号,然后电子控制单元作出检测和判断,并控制直流电动机的运行。

4.4　汽车制动系统

汽车制动系统的作用是使行驶中的汽车按照驾驶员的要求进行强制减速、停车,使已停驶的汽车在各种道路条件下稳定驻车。它分为普通制动系统和汽车防抱死制动系统(ABS)。

4.4.1 普通制动系统

普通制动系统一般由制动器和传动机构两个主要部分组成。

1）制动器

（1）鼓式制动器

鼓式制动器是通过制动蹄片挤压制动鼓的内侧而获得制动力。它主要由制动鼓、制动蹄、制动底板以及轮缸或凸轮等组成。它一般用在后轮。

（2）盘式制动器

制动盘固定在轮毂上，制动钳固定在转向节上，制动钳横跨在制动盘上，制动钳内装有活塞，活塞后面有充满制动液的制动轮缸。盘式制动器又分为固定钳盘式制动器和浮动钳盘式制动器。

①固定钳盘式制动器。

制动钳轴向位置是固定的，其轮缸分别布置在制动钳的两侧，为双向轮缸，可单轮缸对置或双轮缸对置，除活塞和摩擦块外无滑动元件。这种结构轮缸之间需要用油道或油管连通。钳体尺寸较大，外侧的轮缸散热差，热负荷大，油液容易汽化膨胀，制动热稳定性差。

②浮动钳盘式制动器。

浮动钳盘式制动器的特点是制动钳体在轴向处于浮动状态，轮缸布置在制动钳的内侧，且数目只有固定式的一半，为单轮缸。制动时，利用摩擦片的反作用力，推动制动钳体移动，使外侧的摩擦片也相继压紧制动盘，以产生制动力。

2）传动机构

（1）液压传动装置

液压制动传动装置是利用制动液将制动踏板力转换为液压力，通过管路传送到车轮制动器，再将液压力转变为推动制动蹄张开的推力。

液压制动传动装置由制动踏板、推杆、制动主缸、储液罐、制动轮缸及油管等组成。它多用于中小型汽车。

①真空助力器。

真空助力器有3个基本组成部分：真空助力部分、控制阀和液压制动主缸。真空助力部分包括助力腔的前后壳体、膜片、回位弹簧及主缸推杆等；控制阀与助力器膜片做成整体结构形式，控制阀推杆与制动踏板相联，根据制动踏板的踩踏力和踏板的位移，控制制动作用以及放松的程度；液压制动主缸装在真空助力装置之后，将踏板力与真空助力的合力传递到各个车轮制动器。

②制动主缸。

制动主缸又称制动总泵，是液压制动系统的核心，有与储液罐制成一体的整体式，也有两者分体式的，很多轻型汽车的制动系统还增加了真空助力器。其主要作用是将驾驶员施加在制动踏板上的机械力和真空助力器的力转变成制动油压，并将具有一定压力的制动液经过制动管路送到各个车轮的制动分泵（轮缸），再由车轮制动器变为车轮制动力。

③制动轮缸。

制动轮缸又称制动分泵，装在制动器中，是车轮制动力的来源。其作用是将液体压力转变为使制动蹄张开的推力。

（2）气压传动装置

气压制动装置的组成部件较多，管路复杂。它一般由空气压缩机、储气筒、制动控制阀及制动气室组成。它多用于中重型汽车。

①空气压缩机。

空气压缩机由发动机通过皮带驱动，产生压缩空气，向储气筒充气。

②储气筒。

储气筒储存空气压缩机产生的气体，在制动时提供足够的压缩空气。

③制动控制阀。

在气压制动中，驾驶员踩制动踏板时控制的是制动控制阀，由制动控制阀控制进入制动气室的气压。

④制动气室。

制动气室安装在车轮制动器旁，当压缩空气进入制动气室时，推动制动气室的膜片移动，从而控制车轮制动器实现制动。

4.4.2　汽车防抱死制动系统（ABS）

汽车防抱死制动系统（ABS）在制动过程中可自动调节车轮制动力，防止车轮抱死，以取得最佳制动效果。ABS 已成为汽车上的标准装备。

1）液压控制单元

ABS 液压控制单元也称压力调节器，装在制动主缸与轮缸之间。它主要由 ABS 泵电动机总成、ABS 液压控制机构和 ABS 控制单元等组成。其作用是接收 ECU 的控制信号，使电磁阀动作，完成保压、减压、增压的调节任务，属执行元件。

（1）保压过程

当轮速传感器发出抱死危险信号时，ECU 向电磁线圈通入一个较小的保持电流（约为最大电流的 1/2），电磁阀处于"保压"位置。此时，主缸、轮缸和回油孔相互隔离密封，轮缸中的制动压力保持一定。

（2）减压过程

如果在"保持压力"命令发出后，仍有车轮抱死信号，ECU 即向电磁线圈通入一个最大电流，电磁阀处于"减压"位置。此时，电磁阀将轮缸与回油通道或储液室接通，轮缸中制动液经电磁阀流入储液室，轮缸压力下降。

（3）增压过程

当压力下降后车轮加速太快时，ECU 便切断通往电磁阀的电流，主缸和轮缸再次相通，主缸中的高压制动液再次进入轮缸，使制动压力增加。

2）轮速传感器

车轮转速传感器用于检测车轮的转速，并将车轮转速信号输入电控单元，电控单元依据此信号通过液压调节器控制各制动缸的制动液。电磁式轮速传感器是一种通过磁量的变化产生感应电压的装置。它主要由前轮转速传感器和脉冲轮两部分组成。

3）ABS 指示灯

ABS 指示灯装在仪表板上，用来告知驾驶员防抱死制动系统有故障，由 ECU 发送信号使报警灯点亮。它还用来读取储存在控制单元存储器中的诊断故障码。

第 **5** 章
汽车电气系统结构

5.1 汽车电气系统的基础元件

现代汽车电气设备的种类和数量很多。它们大致可分为三大部分:电源、用电设备和配电装置,从而构成全车电路。电源相关知识将在5.2节供电设备中作详细介绍。

5.1.1 启动系统

汽车发动机不能自己启动,它必须靠外力带动曲轴来帮助启动。此外力就是启动机的启动力矩。依靠启动机的启动力矩拖动,使发动机依靠自身运转的惯性而进入连续不断地吸气、压缩、做功、排气运行循环时,发动机才能视为完全启动。

1)启动系统的组成

启动系统一般由蓄电池、启动机、点火开关、空挡启动开关及继电器等组成。启动机安装在发动机飞轮壳上,依靠驱动齿轮带动发动机飞轮齿圈旋转而启动发动机。启动机的作用是将蓄电池的电能转变为机械能,驱动发动机使其启动。

2)启动机的结构

启动机由直流串励式电动机、传动机构和控制装置(即电磁开关)3部分组成。

(1)直流串励式电动机

①电枢。

电枢是直流电动机的旋转部分。它包括电枢轴、换向器、铁芯及绕组等。为了获得足够的转矩,通过电枢绕组的电流一般很大。因此,电枢一般采用较粗的矩形裸铜线绕制而成。

②励磁基座。

磁极一般由4个低碳钢板制成,其内端部扩大为极掌形。每个磁极上绕有励磁绕组,两对磁极相对交错安装在电动机定子内壳上。定子与转子铁芯形成磁回路,4个励磁线圈可互相串联后再与电枢绕组串联,也可两两串联后并联,再与电枢绕组串联。

③电刷架。

电刷架一般采用框式结构。其中,正极刷架与端盖绝缘,负极刷架通过机壳直接搭铁。电刷置于电刷架中,正电刷与励磁绕组的末端相联,负电刷通过负极刷架搭铁。电刷由铜粉与石墨粉压制而成,呈棕红色。电刷架上装有弹性较好的盘形弹簧。

④机壳。

启动机端盖分前后两个。前端盖由钢板压制而成,后端盖由灰铸铁浇铸而成。前后端盖均压装有青铜石墨轴承套或铁基含油轴承套,外围有 2 个或 4 个组装螺孔。电刷装在后端盖内,前端盖上有拨叉座,盖口有凸缘和安装螺孔,还有拧紧中间轴承板的螺钉孔。

(2)传动机构

传动机构的作用是在发动机启动时,将直流电动机的转矩传递给发动机曲轴;在发动机启动后,而与飞轮啮合的小齿轮没有及时回位的情况下,保护启动机不被飞轮反拖。传动机构主要由单向离合器、减速机构(有些启动机不具有减速机构)、驱动齿轮等组成。

(3)控制装置

控制装置主要由电磁开关和拨叉组成。其作用是通过控制启动电磁开关和杠杆机构(或其他某种装置),实现启动机传动机构与飞轮齿圈的啮合与分离,并接通和断开启动机与蓄电池之间的电路。

5.1.2　点火系统

1)电子点火系统的组成

电子点火系统以蓄电池和发电机为电源,借点火线圈和由半导体器件(晶体三极管)组成的点火控制器将电源提供的低压电转变为高压电,再通过分电器分配到各缸火花塞,使火花塞两电极之间产生电火花,点燃可燃混合气。

电子点火系统由点火开关、蓄电池、点火线圈、分电器、点火器及火花塞等组成。

2)计算机控制点火系统

计算机控制点火系统以蓄电池和发电机为电源,借点火线圈将电源的低压电转变为高压电,再由分电器将高压电分配到各缸火花塞,并由计算机控制系统根据各种传感器提供的反映发动机工况的信息,发出点火控制信号,控制点火时刻,点燃可燃混合气。它还可以取消分电器,由计算机控制系统直接将高压电分配给各缸。计算机控制点火系统是目前最新型的点火系统,已广泛应用于各种中高级轿车中。

3)点火系统的主要零部件

(1)分电器

传统的分电器在现代汽车上已难寻其踪影了,目前较多的是无触点式分电器和无分电器的点火系统。分电器包括断电器、配电器、电容器及点火提前装置。

(2)点火线圈

点火线圈是由初级绕组、次级绕组和铁芯组成的升压器。点火线圈通过电磁感应,产生 $15 \sim 30$ kV 的高压电,作为点火高压电。

(3)火花塞

火花塞的作用是将点火线圈产生的高压电引入发动机燃烧室内,通过本身的空气间隙产生火花放电,点燃混合气。火花塞间隙一般为 $0.6 \sim 0.8$ mm,击穿电压为 $6 \sim 8$ kV。火花塞的放电部分为中心电极和侧电极。

（4）点火器

点火器根据 ECU 的指令（IGT），控制点火线圈初级绕组的通电或断电，并在完成点火后向 ECU 输送点火确认信号。

（5）高压导线

高压导线由中央高压线和各缸高压线组成。中央高压线用于将点火线圈产生的高压电送到分电器盖插孔，各缸高压线用于将点火高压电从分电器盖的旁电极插孔传至火花塞。

5.1.3　附属电器

1）照明系统

为了保障汽车行驶和道路安全，满足汽车的使用要求，在汽车上都装有各种照明装置和信号装置。照明装置用来照亮前方道路、车厢内部、行李箱，以及为夜间汽车检修提供照明等；信号装置用于汽车在转弯、倒车、制动等时发出灯光或声音信号，使前后车辆及行人得知汽车的行驶方向。

目前，汽车的外部灯系统多组合在一起，又称组合灯。

（1）组合前照灯

组合前照灯安装在汽车前部，与地面平行。它主要由近光灯、远光灯、示宽灯及转向灯等组成。

组合前照灯主要用于夜间行车时道路照明，灯光为白色。目前，汽车使用的组合前照灯有标准封闭式、卤钨封闭式和半封闭式 3 种类型。

组合前照灯开关为多功能开关，通过旋转、推拉和拨动可控制前照灯近光、远光、示宽灯、转向灯及雾灯等操作。

（2）组合尾灯

组合尾灯一般包括制动灯、转向灯和倒车灯等。其作用主要为了提醒后方的车辆和行人，标示车辆或驾驶员的行驶信息。

2）刮水器清洗系统

刮水器清洗系统属于汽车上的辅助电器。汽车在雨雪天气行驶时，该系统可清洗风窗玻璃，方便驾驶员看清路面，以保证雨雪天气的行车安全。

3）音响系统

汽车上的音响系统包括收放机、CD 机和天线等。它不仅能减轻驾驶员以及乘客的疲劳程度，而且可直接帮助他们了解信息，提高乘坐的舒适性。

4）电动车窗

电动车窗升降调节器的作用是保证车窗能上下灵活地运动。升降调节器将电动机的弧线运动转换为上下直线运动，使其必须沿着导轨滑动。

电动车窗开关用于驾驶员操纵电动门窗控制系统。它一般安装在左前车门把手上或变速杆附近。分控开关安装在每个车门的中部或车门把手上，用于乘员操纵门窗。

5）电动门锁

按下驾驶员座位锁扣时，其他几个车门及行李箱门都能自动锁定。如果用钥匙锁门能同时锁好其他车门和行李箱门。

拉起驾驶员车门锁扣时，其他几个车门及行李箱门都能同时打开。如果用钥匙开门能同时打开其他车门和行李箱门。

6）组合仪表

组合仪表用于指示汽车运动以及发动机运转的状态，以便驾驶员随时了解各系统的工作情况，保证汽车安全而可靠地行驶。

7）电动后视镜

通过电动后视镜控制开关交换电动机电路的极性来改变电动机的转动方向。每个电动机带有一个自动复位的电路断路器，当后视镜到达行程的机械极限时，电路断路器就会将电路断开。

8）安全气囊

安全气囊是一种当汽车遭到碰撞而急剧减速时能很快膨胀的缓冲垫。它可保护车内乘员不致撞到车厢内部，是一种被动安全装置。

安全气囊由折叠好的气囊、传感器、气体发生器、备用电源以及相应的线束连接而成。

当汽车发生碰撞时，汽车要立即停止运动，而车内乘员在惯性作用下仍要继续向原来的方向运动。如果此时装在车内的安全气囊弹出，它可减少乘员与车内物体发生碰撞，更均匀地分散头、胸的碰撞力，吸收乘员的运动能量，起到对乘员积极保护的作用。

9）其他电器元件

其他电器元件主要有点火开关、扬声器、喇叭及继电器等。

5.1.4 空调系统

空调是空气调节器的简称，汽车空调能对汽车车厢内的空气进行温度、湿度和清洁度的调节，大大提升乘坐舒适性。它包括暖风装置、制冷装置、通风装置及空气净化装置。暖风装置用于提高车内温度；制冷装置用于降低车内的温度，并降低车内的湿度；通风装置用于调节车内空气的气流和换气；空气净化装置用于调节过滤空气以及对空气进行消毒处理。

1）汽车空调的分类

空调控制系统可分为手动控制和自动控制。手动空调需要驾驶员通过旋钮或拨杆对控制对象进行调节，如温度等；自动空调只需驾驶员输入目标温度，空调系统便可按驾驶员的设定自动进行调节。

2）汽车空调制冷系统的组成

汽车空调制冷系统由压缩机、冷凝器、储液干燥器、膨胀阀、蒸发器及鼓风机组成。

3）汽车空调制冷系统的工作原理

（1）压缩过程

压缩机吸入蒸发器出口处的低温低压的制冷剂气体，把它压缩成高温高压的气体排出压缩机。

（2）放热过程

高温高压的过热制冷剂气体进入冷凝器，压力及温度降低，制冷剂气体冷凝成液体，并放出大量的热。

（3）节流过程

温度和压力较高的制冷剂液体通过膨胀装置后体积变大，压力和温度急剧下降，以雾状（细小液滴）排出膨胀装置。

（4）吸热过程

雾状制冷剂液体进入蒸发器,因此时制冷剂沸点远低于蒸发器内温度,故制冷剂液体蒸发成气体。制冷剂液体蒸发过程中大量吸收周围的热量,而后低温低压的制冷剂蒸气又进入压缩机。

4）汽车空调制冷系统的主要零部件

（1）压缩机

将制冷剂由低压气态通过压缩变为高温高压气态。

（2）冷凝器

将高温高压气态制冷剂冷却为高温高压液态制冷剂。

（3）储液干燥器

过滤制冷剂中的水分和杂质,储存制冷剂,保障制冷剂不间断地输送到膨胀阀。

（4）膨胀阀

通过节流使高温高压液态制冷剂变为低温低压液态制冷剂。

（5）蒸发器

低温低压液态制冷剂在蒸发器里吸热,进行热交换,变成低温低压的气态,再回到压缩机。

5.2 汽车电气系统的供电设备

汽车电源系统主要由蓄电池、电流表、交流发电机以及与发电机匹配的电压调节器等组成。蓄电池、发电机与汽车用电设备都是并联的。启动时,蓄电池向启动机供电;发动机正常工作时,发电机向用电设备供电和向蓄电池充电。

5.2.1 蓄电池

1）蓄电池的作用

①启动发动机时,供电给启动机。

②发动机停转或发电机电压过低时,供电给各用电器。

③当发电机电压高于蓄电池电压时,蓄电池作为发电机的负载,将发电机输出的一部分电能转变成化学能储存起来,并且平缓电路中所产生的电压波动。

2）蓄电池的类型

（1）酸性电池

介质电解液为纯净的硫酸溶液,在极板上的主要成分是铅,故称铅酸蓄电池。它广泛用于汽车上,成本低、结构简单。它分为普通铅蓄电池、免维护蓄电池和干式荷电蓄电池等。

①普通铅蓄电池。

普通铅蓄电池是将化学能转换为电能的一种装置。因使用的电解液是硫酸溶液,故称铅酸蓄电池。它具有电压稳定、价格便宜、维护简单、质量稳定,可靠性高等优点。其缺点是比能低、使用寿命短、日常维护频繁。

②免维护蓄电池。

免维护蓄电池又称 MF 蓄电池,在使用期限内无须进行日常维护,且具有自放电少、耐过度充电性好、电解液中水的损耗少等优点。

③干式荷电蓄电池。

干式荷电蓄电池规定保存期内只要加入规定密度的电解液,放置 15 min 以上,调整液面至规定高度即可使用。若超过保存期,则在使用前补充充电 5～10 h 后方可使用。

(2)碱性电池

介质电解液为纯净的氢氧化钠或氢氧化钾溶液,而极板上的主要成分是镍。其特点是使用寿命长、自放电少、质量小,但导电性差、成本高。

①镍镉蓄电池。

镍镉蓄电池具有功率大、散热性能好、质量小、充电时间短(比一般电池至少快 4 倍),以及循环寿命可达到 2 000 次等优点。

②镍氢蓄电池。

镍氢蓄电池与镍镉蓄电池相比,电压相同但能量能提高 1 倍,而且具有质量小、体积薄、有效期长、充电快速,以及对环境无污染等优点,制作成本与镍镉蓄电池相当,充电循环次数可达 1 500 次,主要供电动汽车使用。

3)蓄电池的结构

蓄电池由极板组(正负极板)、隔板、电解液、外壳、连接条、极柱、蓄电池盖及加液孔盖等组成。12 V 蓄电池一般由 3 个或 6 个单格电池串联而成,每个单格额定电压为 2 V。

5.2.2　交流发电机

1)交流发电机的作用

汽车使用的电源有蓄电池和发电机两种。现代汽车采用交流发电机作为主要电源,蓄电池作为辅助电源。在汽车行驶过程中,由发电机向除了启动机以外的所有用电设备提供电源,并向蓄电池充电。

2)交流发电机的结构

三相同步交流发电机由转子总成、定子总成、三相整流器、电刷总成、端盖、风扇及带轮等组成。

(1)转子总成

转子总成由转子轴、集电环、爪极及励磁绕组等组成。发动机带轮带动发电机带轮旋转。当励磁绕组通电时,转子就产生旋转的磁场,切割定子绕组产生的旋转磁场。

(2)定子总成

定子总成由铁芯和定子绕组组成。固定的定子绕组切割转子产生旋转的磁场(磁感应线),定子绕组上就产生交流电动势。

(3)三相整流器

三相整流器的作用是将定子绕组的三相交流电变为直流电。三相整流器由整流板和整流二极管组成,6 管交流发电机的整流器是由 6 只硅整流二极管分别压装(或焊装)在相互绝缘的两块板上组成的。其中,一块为正极板(带有输出端螺栓),另一块为负极板。负极板和发电机外壳直接相连(搭铁),也可将发电机的后端盖直接作为负极板。

(4)电刷总成

电刷总成由电刷、电刷架和电刷弹簧组成。电刷的作用是将电源通过滑环引入励磁绕组。两个电刷分别装在电刷架的孔内,借助弹簧压力与滑环保持接触。

（5）端盖

端盖一般分两部分：前端盖和后端盖。它起支承转子、定子、三相整流器及电刷组件的作用。后端盖上装有电刷总成件。

（6）风扇

发电机工作时，定子绕组和励磁绕组中都会有热量产生，温度过高会烧坏导线的绝缘，导致电动机不能正常工作。因此，为发电机装散热风扇是必须的，以提高散热能力。

（7）带轮

交流发电机的前端装有带轮，由发动机通过传动带驱动发电机的转子轴旋转。

5.2.3 电压调节器

电压调节器的作用是保持发电机在转速和负荷变化时输出稳定的电压。它分为触点式电压调节器、晶体管电压调节器和集成电路电压调节器。触点式电压调节器已逐渐被淘汰。集成电路电压调节器的体积小，可直接装于发电机内部。

5.3 汽车电路的特点

1）单线制

所谓单线制，就是利用汽车发动机和底盘、车身等金属机件作为各种用电设备的共用连线（俗称搭铁），而用电设备到电源只需另设一根导线。任何一个电路中的电流都是从电源的正极出发，经导线流入用电设备后，通过金属车架流回电源负极而形成回路。

采用单线制不仅可节省材料（铜导线），使电路简化，而且便于安装和检修，降低故障率。但是，在一些不能形成可靠的电气回路或需要精确电子信号的回路，则采用双线制。

2）负极搭铁

所谓搭铁，就是采用单线制时，将蓄电池的一个电极用导线连接到发动机或底盘等金属车体上。若蓄电池的负极连接到金属车体上，称为负极搭铁；反之，若蓄电池的正极连接到金属车体上，称为正极搭铁。我国标准中规定，汽车电气系统必须采用负极搭铁制。目前，世界各国生产的汽车也大多采用负极搭铁方式。

3）两个电源

所谓两个电源，是指蓄电池和发电机两个供电电源。蓄电池是辅助电源，在汽车未运转时向有关用电设备供电；发电机是主电源，当发动机运转到一定转速后，发电机转速达到规定的发电转速，开始向有关用电设备供电，同时对蓄电池进行充电。两者互补可有效地使用电设备在不同的情况下都能正常工作，同时可延长蓄电池的供电时间。

4）用电设备并联

所谓用电设备并联，是指汽车上的各种用电设备都采用并联方式与电源连接，每个用电设备都由各自串联在其支路中的专用开关控制，互不产生干扰。

5）低压直流供电

汽车电气设备采用低压直流供电。柴油车大多采用 24 V 直流供电，汽油车大都采用 12 V 直流电压供电。

第**6**章
焊接在汽车制造中的应用

6.1 焊接技术在轿车生产中的应用

6.1.1 汽车制造离不开焊接

焊接是汽车制造链中的一项重要的加工环节。车桥、车架、车身、车厢总成都离不开焊接技术应用。有些构件在某些特定的部位,它的材质有特殊的强度要求。例如,大型齿轮的轮缘部分必须采用高强度的耐磨优质合金钢,这样才能长时间的使用,保证它的质量,但这种钢材很昂贵,这就会大大地提高成本。因此,为了节省材料,其他部分可用一般钢材来制造。这样,既提高了齿轮的使用性能,使它结实耐磨,又节省了优质钢材,降低了成本。这就用到了拼焊的方法,比如堆焊和摩擦焊,把工件分别加工后再拼接在一起,形成一个很完美的整体。可见,这一点也是很有优势的。

在点焊、凸焊、缝焊、滚凸焊、焊条电弧焊、CO_2 气体保护焊、氩弧焊、气焊、钎焊、摩擦焊、电子束焊及激光焊等焊接方法中,点焊、气体保护焊、钎焊具有生产量大,自动化程度高,高速、低耗、焊接变形小、易操作等特点,对汽车车身薄板覆盖零部件特别适合,在汽车生产中应用最多。投资费用中,点焊约占75%,其他焊接方法只占25%。在目前汽车零部件及白车身的制造中,主要的焊接方法有电阻点焊、CO_2 气体保护焊和激光焊。另外,也有采用氩弧焊和电子束焊等。

在以"钢结构"为主的汽车车身的焊接加工中,汽车焊接又有不同于其他产品焊接的要求:

①对焊接件的尺寸精度要求高。为了保证产品的装配精度和尺寸稳定性,要求尽可能减少薄板件在焊前的精度偏差和焊后的热应力与变形。

②对焊缝接头的性能要求高。焊接接头不仅要满足静态和动态的力学性能指标,而且有苛刻的低周疲劳性能要求。

③对批量焊接生产品质高且一致性好的要求。

④对焊接生产过程高节拍、高效率的要求。

⑤对"零缺陷"的质量控制与保证,提出了自动化焊接过程的监测与信息化管理的要求。

车身的焊装质量直接决定着后面工序的质量,车身的装配质量不良,不仅影响整车外观,还会导致漏雨、风噪、路噪以及车门关闭障碍的发生。因此,对焊接技术应引起足够的重视。

6.1.2 电阻焊

电阻焊是一个涉及电学、传热学、冶金学及力学的复杂过程。其中,包括焊接时的电磁、传热过程、金属的熔化和凝固、冷却时的相变、焊接应力与变形等。要得到一个高质量的焊接接头,必须要控制这些因素。传统的电阻焊工艺及参数制订方法是通过一系列工艺试验和经验数据得到的。然而从发展来看,随着计算机技术的发展,数值模拟的方法将起越来越重要的作用。例如,用新的高强钢等材料制造新的工程结构,尤其是对一些航空航天重要结构,没有多少经验可以凭借,如果只依靠实验方法积累数据要花很长的时间和经费,而且任何尝试和失败都将造成重大经济损失。此时,数值方法将发挥其独特的能力和优点。只要通过少量验证试验证明数值方法在处理某一问题上的适用性,那么大量的筛选工作便可由计算机进行,而不必在车间和实验室里进行大量的试验工作。这就大大节约了人力、物力和时间,具有很大的经济效益。

6.1.3 电弧焊

电弧焊至今仍是焊接的主要方法,而电弧焊技术的进步主要是由电源的发展带动的。国外企业非常重视焊接电源的开发,而且将电源的开发与电弧物理和焊接工艺技术相结合。每当出现一种新型焊接电源都同时推出新的控制方法。例如,当出现晶闸管整流焊接电源,就推出波形控制减少飞溅的 CO_2 焊接电源和方波交流焊接电源;当逆变电源出现后,就推出变极性电源、STT 短路过渡焊接电源等;当全数字化电源出现后,又出现焊接电流和电压与送丝速度同步协调控制的双脉冲铝合金焊接电源和 CMT"冷金属过渡"焊接电源等。

6.1.4 电阻点焊质量控制

电阻点焊质量控制一般通过焊前预测、焊接过程监控和焊后检验来保证。目前工厂生产中,用得较多的是焊前预测并打试片、焊后随机抽样破坏性检验和无损检测等方法。但这存在一定的局限性和随机性。因此,焊接过程监控是最理想的点焊质量控制方法。尤其是随着电阻焊不断用于批量生产、生产自动化程度日益提高、点焊质量实时监控方法的研究,已成了各国学者注重发展的方向。据报道,日本已开发了采用数值计算的熔核直径在线自适应控制技术的点焊质量控制方法。根据温度变化情况确定点焊部位的发热情况,由此推算是否可以获得确保点焊质量的熔核直径,使焊点质量稳定可靠且焊接飞溅减少,电极寿命延长。

6.1.5 轿车白车身的电阻点焊

轿车白车身的电阻点焊多数为承载式全焊接结构。它一般是由 20 多个大总成、数百个薄板冲压件经焊接而成的复杂结构件。它具有刚性好、自重轻、车内可利用空间大、密封性好、安全、省油、舒适等特点。

保证电阻点焊焊接质量是轿车白车身焊接质量保证的关键。汽车厂家需要建立完善的车身点焊质量保证体系。具体包括前期焊接质量策划和后期焊接质量保证两个阶段。前期焊接质量策划阶段主要包括焊接设备选定、焊接工艺方法的评定和检测项目的确定;后期焊接质量保证阶段主要包括焊点强度质量保证和焊点外观质量保证。焊点质量(焊点强度质量和焊点外观质量)采用当今世界先进水平的技术标准。

针对白车身工艺特点,强化焊接质量的前期策划是十分重要的。其主要策划内容有焊接设备选型、焊接工艺方法评定和检测项目的确定等。为保证焊接设备焊接电压的稳定性,焊装分厂装有可靠的电源稳压装置。电网的电压变化应限制在 10 V 以内,以保证焊接设备正常工作。

1)焊接设备的能力要求

①选购的焊接设备的机械性能、物理性能、电气性能都具有良好的稳定性。

②使焊设备达到其特殊的焊接工艺要求。

③使焊接设备满足大批量、高效率的生产目标。

焊接设备还应具有适应多品种车体的焊接能力和多种生产节拍连线生产的调整能力。焊接设备的主要技术参数应从输入电源、额定焊接电流、工作电压调节范围及额定负载持续率等方面综合考虑,实现白车身焊接生产线的整体平衡要求。

2)焊接工艺方法的评定

焊接工艺方法的评定是批量生产中实现车身质量稳定的前提。其目的是根据车体结构和零件材料,按车体焊接质量要求,对焊接设备参数和焊接工艺参数进行确定。焊接工艺方法评定主要内容是在明确的焊接环境要求、零件材料和质量检验方法的前提下,确定最佳的焊接工艺方法和焊接顺序,并选择最合理的焊接电极更换频次、焊接设备参数(输入电源、额定电流、工作电压及额定负载持续率)和焊接工艺参数(焊接电压、焊接电流、焊接时间及电极压力)。为保证焊接工艺方法评定得准确与可靠,工艺方法评定要严格按照规定的程序和要求,合理地选择检测手段,保证检测手段的检测时间和检测频次,以满足生产节拍和每班产量的要求。

6.2 车身焊接工艺

6.2.1 车身装焊工艺的特点

汽车车身壳体是一个复杂的结构。它是由百余种甚至数百种薄板冲压件经焊接、铆接、机械联接及黏结等方法联接而成的。由于车身冲压件的材料都是具有良好的焊接性能的低碳钢,因此,焊接是现代车身制造中应用最广泛的连接方式。表 6-1 列举了车身制造中常用的焊接方法及典型应用实例。

表 6-1　车身制造中常用的焊接方法及典型应用实例

焊接方式			典型应用实例
电阻焊	点焊	单点焊	悬挂式电焊机	车身总成、车身侧围等分总成
			固定式电焊机	小型板类零件
		多电焊	压床式多点焊机	车身地板总成
			C 形多点焊接	车门、发动机盖总成
	缝焊		悬挂式缝焊机	车身顶盖流水槽
			固定式缝焊机	油箱总成
	凸焊			螺母、小支架

续表

焊接方式		典型应用实例
电弧焊	CO_2 气体保护焊	车身总成
	氩弧焊	车身顶盖后两侧接缝
	手工电弧焊	厚料零部件
气焊	氧乙炔焊	车身总成补焊
钎焊	锡钎焊	散热器
特种焊	微弧等离子焊	车身顶盖后角板
	激光焊	车身底板

车身制造中应用最多的是电阻焊。它一般占整个焊接工作量的 60% 以上,有些车身几乎全部采用电阻焊。除此之外,就是二氧化碳气体保护焊。它主要用于车身骨架和车身总成的焊接中。

为便于制造,车身设计时,通常将车身划分为若干个分总成,各分总成又分为若干个合件,合件由若干个零件组成。车身装焊的顺序是上述过程的逆过程,即先将若干个零件装焊成合件,再将若干个合件和零件装焊成分总成,最后将分总成与合件、零件装焊成车身总成。

6.2.2 电阻焊

1)电阻焊及其特点

将置于两电极之间的工件加压,并在焊接处通以电流,利用电流通过工件本身产的热量来加热而形成局部熔化,断电冷却时,在压力继续作用下而形成牢固接头。这种工艺过程称为电阻焊。电阻焊的种类较多。按接头形式,可分为搭接电阻焊和对接电阻焊两种。搭接电阻焊按工艺方法,可分为点焊、缝焊和凸焊 3 种;对接电阻焊一般分为电阻对焊和闪光对焊两种。

其特点如下:

①利用电流通过工件焊接处的电阻而产生的热量对工件加热,即热量不是来源于工件之外,而是内部热源。

②整个焊接过程都是在压力作用下完成的,即必须施加压力。

③在焊接处不需加任何填充材料,也不需任何保护剂。

2)点焊

点焊是利用在焊件之间形成的一个个焊点来连接焊件的。两焊件被压紧于两柱形之间并通以强大的电流,利用电阻热将工件焊接区加热到形成应有尺寸的熔化核心为止。然后切断电流,熔核在压力的作用下冷却结晶形成焊点,点焊在车身制造中应用最广。点焊的形式较多。按供电方向,可分为单面点焊和双面点焊两种。在这两种点焊中,按同时完成的焊点数,又可分为单点、双点和多点焊。

点焊是车身制造中应用最广的焊接方法。一辆轿车的车身有 3 500 ~ 5 000 个焊点。汽车车身就是一个典型的点焊结构件。

点焊的机械性质如下：

①与柳接和螺栓紧固相比,点焊无松动且刚性高,但滑动系数小。因此,在设计时,必须注意可能会出现的应力集中。

②点焊没有像铆接和螺栓紧固那样的铆钉头和螺帽,因此,剥离方向的抗拉强度不如铆接和螺栓紧固,但剪切强度可选取较大的焊点直径来保证,因点焊优于铆接和螺栓紧固。

③点焊的疲劳强度,对于单纯的剪切载荷而言,铆接等差别不大,但在板有变形及承受剥离方向重复的载荷时,其疲劳强度软弱。

④由于点焊焊点部分的金属组织不均匀,因此,机械强度也不相同,一般周边强度大,中心部分强度小。

3)点焊的质量要求

点焊结构靠单个或若干个合格的焊点实现接头的连接,接头质量的好坏完全取决于焊点质量及点距。焊点质量除了取决于焊点尺寸外,还与焊点表面与内部质量有关。

焊点外观上要求表面压坑浅,平滑呈均匀过渡,无明显凸肩或局部挤压的表面鼓起,外表面没有环状或颈项裂纹,也无熔化、烧伤或黏附的铜合金。从内部看,焊点形状应规则、均匀,无超标的裂纹和缩孔等内部缺陷,以及热影响区金属的组织与力学性能有无发生明显的变化等。不同厚度的板和多层板的焊接,以及点焊和板厚的关系,如图 6-1 和图 6-2 所示。

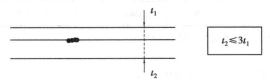

图 6-1　两层点焊与板厚的关系

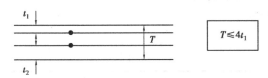

图 6-2　3 层点焊与板厚的关系

4)点焊的使用范围

点焊用于薄板重叠搭接,虽然损失了重叠部分的材料,但使总成装配加工变得容易。如果板厚较大,重叠部分的材料也随之增大。如果用对接接缝,熔焊焊接也不困难。

与之相反,随着点焊板厚的增加,焊机电气设备等机械电气容量成倍增大,点焊变得十分不利。

根据上述理由,一般点焊的板厚为 1.6 mm 以下,板厚在 1.6 ~ 3.2 mm,很难判定是采用熔焊还是采用点焊。

汽车车身覆盖件多采用低碳钢的薄板。表 6-2 为低碳钢板点焊的最小间距、最小搭接及强度,可供选取焊接规范时参考。

表 6-2　低碳钢板点焊的最小间距、最小搭接及强度

板厚 /mm	最小间距 /mm	最小搭接 /mm	A 级		B 级		C 级	
			焊点直径 /mm	强度 /(kg·f)	焊点直径 /mm	强度 /(kg·f)	焊点直径 /mm	强度 /(kg·f)
0.6	10	11	4.5	245 以上	3.5	160 以上	3	135 以上
0.8	12	11	5	355	4	255	3	185
1	18	12	5.5	470	4.5	370	3	240
1.2	20	14	6	605	5	490	3.5	330
1.4	23	15	6.5	785	5.5	600	3.5	370
1.6	27	16	7	925	6	730	4	470
1.8	1.8	17	7	1 000	6	815	4	525
2	35	18	7.5	11 160	6.5	990	4.5	660
2.4	40	20	8	1 465	6.5	1 150	4.5	765
2.8	45	21	8.5	1 790	7	1 420	7	980
3.2	50	22	9	2 045	7	1 625	5	1 120

注：1. 本表所示的被焊件材料的抗拉强度为 $30 \sim 32\ kg \cdot f/mm^2$。

2. 强度为剪切强度。

3. 强度是按《焊接手册》的数值，并按焊点直径成比例计算出来的。

4. 最小焊点间距表示了实质上能忽略相邻点焊分流效应的极限值。

5. 最小搭接是如图 6-3 所示尺寸表示的长度。

6. 不等厚板焊接时，按薄板考虑。

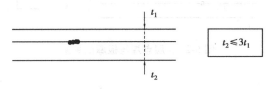

图 6-3　最小搭接

点焊所需的最小空间如图 6-4 所示。

焊件的点焊是在电焊机上完成的。点焊机的种类很多。按用途，可分为专用式点焊机和通用式点焊机两大类。专用式点焊机主要是多点点焊机；通用式点焊机按安装方法，可分为固定式点焊机、移动式点焊机和悬挂式点焊机。按电源性质，可分为工频点焊机、脉冲点焊机和变频点焊机等。但不论哪一类点焊机，一般均由供电系统和控制系统等组成。

固定式点焊机在车身焊接中主要用来点焊合件、分总成和一些较小的总成。焊机不动，每焊完一个焊点后，焊件移动一个点距，以进行下一个焊点的焊接。

移动式点焊机可用于不便用固定式点焊机焊接的外形尺寸大的车身零部件。悬挂式点焊机是将焊接变压器和焊接工具悬挂在空中，移动方便、灵活，适用于装焊大型薄板件。按变压器与焊具连接方式，可分为有缆式点焊机和无缆式点焊机两种。

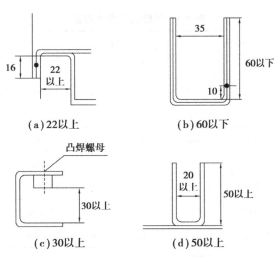

图6-4 电焊所需的最小空间

有缆悬挂式点焊机的焊钳与变压器之间用一种特殊的电缆连接。其优点是移动方便,适用于大总成的点焊,劳动强度低;其缺点是二次回路长,功率损耗大。

无缆悬挂式点焊机的焊接工具部分与变压器直接连接。其优点是没有二次回路中电缆损耗,功率利用充分,在焊接同样厚度的材料时,变压器的功率和体积均可减小;其缺点是移动不方便。

6.2.3 缝焊

缝焊类似于连续点焊,是以旋转的滚盘状电极代替点焊的柱状电极。因此,缝焊的焊缝实质上是由许多彼此互相重叠的焊点组成的。

缝焊按滚盘转动与馈电方式,可分为连续焊缝、断续焊缝和步进式焊缝等。缝焊主要用于要求气密性的焊缝。

缝焊也是电阻焊,焊接原理与电阻焊一样,只不过缝焊用滚盘代替了点焊的电极,焊件置于两滚盘之间,靠滚盘转动带动焊件向前移动,同时通以焊接电流,形成类似连续点焊的焊缝。

缝焊按供电方向或一次成缝条数,可分为单面缝焊、双面缝焊、单缝缝焊及双缝缝焊等。

因缝焊分流较大,故焊接电流一般比点焊增加 20% ~60%,具体数值视材料厚度和点距而定。

要求气密性的缝焊接头,各焊点之间必须有一定的重叠,通常焊点间距应比焊点直径小 30% ~50%,焊点间距可按以下经验公式选取:

对低碳钢

$$C = (2.8 \sim 3.2)t$$

对铝合金

$$C = (2.0 \sim 2.4)t$$

式中 C——缝焊焊点间距,mm;

t——两焊件中较薄焊件的厚度,mm。

缝焊工艺参数主要是根据被焊金属的性能、厚度、质量要求及设备条件来选择,通常可参考已有的推荐数据来初步确定(表6-3),再通过工艺试验加以验证。

表 6-3 低碳钢的缝焊规范

条 件	板厚/mm	电极压力/N		通电时间/周	休止时间/周	电流/A	焊接速度/(m·min⁻¹)	焊接点数/(点·cm⁻¹)
		最小	标准				
高速条件（A）	1.0	2 700	4 100	2	2	18 300	2.50	3.5
	1.6	3 400	5 400	3	1	21 000	2.30	4.0
	2.0	4 500	6 800	3	1	22 000	2.15	4.1
	2.4	5 000	7 700	4	2	23 000	2.03	3.0
中速条件（B）	1.0	2 700	4 100	3	3	15 000	1.70	3.5
	1.6	3 400	5 400	4	5	17 500	1.60	2.8
	2.0	4 500	6 800	6	6	20 000	1.40	2.4
	2.4	5 000	7 700	7	6	21 000	1.27	2.2
低速条件（C）	1.0	2 700	4 100	2	4	13 500	0.99	4.9
	1.6	3 400	5 400	4	4	15 400	0.91	4.9
	2.0	4 500	6 800	6	6	16 000	0.76	4.0
	2.4	5 000	7 700	6	6	17 000	0.70	4.3

6.2.4 凸焊

凸焊是点焊的一种。它是利用零件原有的能使电流集中的型面、倒角或预控制的凸点来焊接部位的。凸焊时，一次可在接头处形成一个或多个熔核。在汽车车身制造中，凸焊主要用于将较小的零件(如螺母、垫圈等)焊到较大的零件上。

凸焊与点焊相比，其不同点是在焊件上预先加工出凸点，或利用焊件上原有的能使电流集中的型面、倒角等作为焊接时的局部接触部位。由于是凸点接触，提高了单位面积上的压力与电流，因此，有利于板件表面氧化膜的破裂与热量的集中，减小了分流电流。一次可进行多点凸焊，提高了生产率，减小了接头的变形。

凸焊的特征如下：

①即使热容量明显不同的组合，也很容易得到良好的热平衡。

②可得到与板厚无关的低强度焊接(点焊时，根据板厚决定焊点的大小)。

③电极寿命长，操作效率高。

④能进行焊点间距小的点焊。

凸焊的标准凸起尺寸见表 6-4，凸焊的凸起形状如图 6-5 所示。

表 6-4 凸焊的标准凸起尺寸

板厚/mm	凸起尺寸					
	C	D	E	F	R	J
0.3	1.3	0.8	0.3	0.3	0.8	0.15

续表

板厚/mm	凸起尺寸					
	C	D	E	F	R	J
0.4	1.4	0.9	0.4	0.4	0.9	0.15
0.5	1.7	1.0	0.5	0.5	1.0	0.15
0.6	2.0	1.1	0.6	0.6	1.2	0.15
0.8	2.4	1.2	0.8	0.8	1.6	0.15
1.0	2.8	1.4	0.9	0.9	2.0	0.2
1.2	3.0	1.6	1.0	1.0	2.2	0.2
1.6	4.0	2.0	1.2	1.2	2.7	0.2
2.0	4.8	2.6	1.4	1.4	3.2	0.3

　　凸焊由于需要预先冲制出凸起部分,故比点焊多一些焊前准备的工序和设备。因此,在选用凸焊时,必须全面考虑。为了使各个凸点熔化能均匀一致,凸焊时电极压力和焊接电流应均匀地分布在同时焊的各个凸点上。为此,凸点冲制必须精确,尺寸稳定,且焊件必须仔细清理。

6.2.5　二氧化碳气体保护焊

　　二氧化碳气体保护焊是一种熔化极气体保护电弧焊接法。它利用焊件与工件之间产生的电弧来熔化金属,由 CO_2 气体作为保护气体,并采用光焊丝作为填充金属。

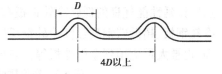
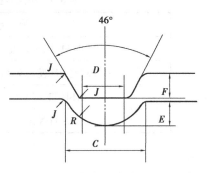

图6-5　凸焊的凸起形状

　　1) CO_2 气体保护焊的优点
　　①生产率高,操作性能好,焊接质量高。
　　②对铁锈的敏感性小,成本低。
　　③易于实现机械化和自动化。
　　④气体保护焊的适应性强,应用范围广。
　　2) CO_2 气体保护焊的规范参数
　　CO_2 气体保护焊的规范参数包括电源极性、焊丝直径、电弧电压、焊接电流、焊接速度及气体流量等。
　　3)选用原则
　　选用原则是在保证焊接质量的前提下,尽可能提高劳动生产率,并注意焊接规范参数对飞溅、气孔、焊缝成形及焊接过程稳定性的影响。
　　4)焊接设备
　　CO_2 气体保护焊自动焊机是由焊接电源、送丝机构、行走机构、焊炬、气路系统及控制系统等组成。气路系统包括减压阀、预热器、干燥器及流量计等。CO_2 气体保护焊半自动焊机中设有行走机构,其余部分与自动焊机相同。

CO_2 焊接电源有抽头式硅整流电源、高漏抗式硅整流电源、自调电感式硅整流电源、自饱和和电抗器式硅整流电源、可控硅式整流电源及晶体管式整流电源等。为了获得较高的焊接质量,现在大都采用可控硅整流电源。

6.3 汽车零部件对焊接材料的性能要求

6.3.1 汽车驾驶室零部件对材料的性能要求

汽车的零部件大部分都是覆盖件,外形复杂,成形也复杂,但受力不大,采用模具成形工艺,材料的成形性能就成了主要矛盾。因此,要求材料具有成形性、延伸性、抗凹性、耐腐性及焊接性等。产品设计时,通常根据板制零件受力情况和形状复杂程度来选择钢板品种。一般选用拉延性能优良的低碳冷轧钢板和超低碳冷轧钢板。近年来,成形性优异、强度更高的含磷冷轧钢板、超低碳钢高强度冷轧钢板以及其他种类钢板如涂镀层钢板、拼焊钢板和 TRIP 钢板等,也被大量应用到车门外板等。东风重型汽车车身常用的材料牌号及拉延级别见表6-5。

表6-5 东风重型汽车车身常用的材料牌号及拉延级别

牌　号	级　别
08AI(P,S,Z 级),St13,SPCD	DQ
08AI(HF 级),St14(HF 级),SPCE	DDQ
St14(ZF 级),St15,SPCEN-SD	EDDQ
KTUX,CSP3X,BSUFD	S-EDDQ

6.3.2 汽车车厢零件对材料性能的要求

汽车车厢零件不太复杂,大都采用辊压成形工艺,对材料的成形性、刚性、耐腐蚀性及焊接性都有一定的要求。一般选用成形性能和焊接性较好的高强度钢板。通常采用强度级别为300~600 MPa 高强度钢板和超细晶粒钢。东风重型汽车车厢常用的材料牌号及强度见表6-6。

表6-6 东风重型汽车车厢常用的材料牌号及强度

牌　号	抗拉强度/MPa
S390,QG40,SS400,WL375(边板)	>390
QG42,SM41(底板、边框)	>410
T52,B510L,WCX355,SP52,WL590(横梁)	>510

6.3.3　汽车车架零件对材料性能的要求

车架、车厢中板以及一些用于支承和联接的零部件都是重要的承载件,大都采用模具成形工艺,要求材料有较高的强度,以及较好的塑性、疲劳耐久性、碰撞能量吸收能力及焊接性等。一般选用成形性能较好的高强度钢板、超细晶粒钢板(强度级别在 300~610 MPa)和高强度板(强度级别在 610~1 000 MPa)。东风重型汽车车架及用于支承和联接的零部件常用的材料牌号及强度见表 6-7。

表 6-7　东风重型汽车车架及用于支承和联接的零部件常用的材料牌号及强度

牌　　号	抗拉强度/MPa
Q195,Q215,Q235,QG40,SS400(连接件)	>300
P370L,SAPH370,SPHD,20,35,45(支承件和横梁)	>410
SP52,T52,B510L,P510L,WL510,16MnL	>510

6.3.4　汽车成形件对材料的要求

汽车上使用的成形件大都以拉延成形和弯曲成形等复合工艺为主。料厚为 0.6~9.0 mm,有冷轧钢板和热轧板。要求材料具有以下条件:

①适宜的屈服强度,低的屈服强度可保证零件成形后的弹性回复小和形状稳定。但是,对汽车类零件,需要采用高屈服强度的材料来保证零件有较高的安全预警性能。

②较好的伸长率,以满足顺利成形的需要。

③低的屈强比有利于冲压成形,减少材料的起皱趋势,提高极限变形程度。

6.4　车身焊装夹具的设计

6.4.1　保证车身焊装夹具设计的基础条件

汽车车身焊接夹具的设计是一门经验性很强的综合性技术。在设计时,要确定生产纲领,熟悉产品结构,了解变形特点,把握制件及装配精度,通晓工艺要求。只有做到这些,才能对焊接夹具进行全方位的设计。

1)生产纲领

生产纲领决定焊接夹具的自动化水平及焊接工位的配置,是通过生产节拍体现的。生产节拍由夹具动作时间、装配时间、焊接时间及搬运时间等组成。夹具动作时间主要取决于夹具的自动化程度;装配时间主要取决于冲压件精度、工序件精度和操作者的熟练程度;焊接时间主要取决于焊接工艺水平、焊接设备的自动化程度及焊钳选型的合理化程度等;搬运时间主要取决于搬运的自动化程度和物流的合理化程度等。只要把握上述要求,就能合理地解决焊接夹具的自动化水平及制造成本这对矛盾。

2)汽车车身的结构特点

汽车车身一般由外覆盖件、内覆盖件和骨架件组成。覆盖件的钢板厚度一般为 0.8~

1.2 mm,骨架件的钢板厚度多为 1.2 ~ 2.5 mm。也就是说,它们大都为薄板件。对于焊接夹具设计来说,有以下特点:

(1)结构形状复杂,构图困难

汽车车身都是由薄板冲压件装焊而成的空间壳体。为了造型美观和壳体具有一定的刚性,组成本身的零件通常是经过拉延成形的空间曲面体,结构形状较为复杂。

(2)刚性差、易变形

经过成形的薄板冲压件有一定的刚性,但与机械加工件相比,刚性要差得多,而且单个的大型冲压件容易变形,只有焊接成车身壳体后,才具有较强的刚性。

(3)以空间三维坐标标注尺寸

汽车车身产品图以空间三维坐标来标注尺寸。为了表示覆盖件在汽车上的位置和便于标注尺寸,汽车车身一般每隔 200 mm 或 400 mm 画一坐标网线。3 个坐标的基准是:

①前后方向为 y 向。以汽车前轮中心为 0,往前为负值,往后为正值。

②上下方向为 z 向。以纵梁上平面为 0,往上为正值,往下为负值。

③左右方向为 x 向。以汽车对称中心为 0,左为正,右为负。

(4)装配精度

装配精度包括两方面内容:外观精度和骨架精度。外观精度是指车门装配后的间隙面差;骨架精度是指三维坐标值。货车车身的装配精度一般控制在 2 mm 内,轿车控制在 1 mm 内。焊接夹具的设计既要保证工序件之间的焊装要求,又要保证总体的焊接精度,通过调整工序件之间的匹配状态来满足整体的装配要求。

(5)6 点定则在车身焊装夹具上的应用

6 点定则是指限制 6 个方向运动的自由度。在设计车身焊装夹具时,通常有两种误解:一是认为 6 点定则对薄板焊装夹具不适用;二是看到薄板焊装夹具上有超定位现象。产生这种误解的原因是把限制 6 个方向运动的自由度理解为限制 6 个方向的自由度。焊接夹具设计的宗旨是限制 6 个方向运动的自由度,这种限制不仅依靠夹具的定位夹紧装置,而且依靠制件之间的相互制约关系。只有正确认识了薄板冲压件焊装生产的特点,同时又正确理解了 6 点定则,才能正确应用这个原则。

6.4.2 车身分块和定位基准的选择

车身焊接总成一般由底板、前围、后围、侧围及顶盖组成。不同的车型分块方式不同,在选择定位基准时,一般应做到:

1)保证门洞的装配尺寸

当总成焊接无侧围分块时,门洞必须作为主要的定位基准。在分装夹具中,凡与前后立柱有关的分总成装焊都必须直接用前后立柱定位,而且从分装到总装定位基准应统一。当总成焊接有侧围分块时,则门洞应在侧围焊接夹具上形成。总装焊时,以门洞及工艺孔定位,并且从分装到总装定位基准也应统一。

2)保证前后悬置孔的位置准确度

车身底板上的悬置孔一般冲压在底板加强梁上。装焊时,要保证悬置孔的相对位置,以便使车身顺利地下落到车架上。

3）保证前后风窗口的装配尺寸

前后风窗口一般由外覆盖件和内覆盖件组成。有的在前后围总成上形成，在分装夹具上要注意解决其定位；有的在总装夹具上形成，一般在专门的窗口定位装置对窗口精确定位，以保证风窗玻璃的装配。

6.4.3　车身焊接夹具的结构及定位夹紧特点

1）车身焊装夹具的结构特点

车身焊装夹具体积庞大，结构复杂，为了便于制造、装配、检测及维修，必须对夹具结构进行分解，否则无法进行测量。车身总装夹具有 3 个装配基准：底板、左侧围和右侧围，在它们的平面上都加工有基准槽和坐标线。定位夹紧组合单元按各自的基准槽进行装配、检测，最后将三大部分组合起来，成为一套完整的夹具。

2）车身焊装夹具的定位特点

车身焊装夹具大都以冲压件的曲面外形、在曲面上经过整形的平台、拉延和压弯成形的台阶，经过修边的窗口和外部边缘、装配用孔和工艺孔定位，这就在很大程度上决定了它的定位元件形状比较特殊，很少能用标准定位元件。

焊接夹具上要分别对各被焊工件进行定位，并使其不互相干涉。在设计定位元件时，要充分利用工件装配的相互依赖关系作为自然的定位支承。有的工件焊接成封闭体，无法设置定位支承，可要求产品设计时预冲平台、翻边作为定位控制点。总之，对要求不严格的装配，尽量不使用焊接夹具。

车身焊装夹具上，板状定位较多，定位板一般用 A3，A5 钢板，厚度为 12 ~ 20 mm。定位块间距既要保证定位精度，又要保证焊钳伸入的方便性。定位件按坐标标注尺寸，不注公差。

3）车身焊装夹具的夹紧特点

车身冲压件装配后，多使用电阻焊接，工件不受扭转力矩。当工件的重力与点焊时加压方向一致，焊接压力足以克服工件的弹性变形，并仍能保持准确的装配位置与定位基准贴合，此时可省去夹紧机构。

焊接通常在两个工件之间进行，夹紧点一般都较多。电阻焊是一种高效焊接工艺，为减少装卸工人的辅助时间，夹紧应采用高效快速装置和多点联动机构。对薄板冲压件，夹紧力作用点应作用在支承点上，只有对刚性很好的工件才允许作用在几个支承点所组成的平面内，以免夹紧力使工件弯曲或脱离定位基准。夹紧力主要用于保持工件装配的相对位置，克服工件的弹性变形，使其与定位支承或导电电极贴合。对 1.2 mm 厚度以下的钢板，贴合间隙不大于 0.8 mm，每个夹紧点的夹紧力一般在 300 ~ 750 N；对 1.5 ~ 2.5 mm 的冲压件，贴合间隙不大于 1.5 mm，每个夹紧点的夹紧力在 500 ~ 3 000 N。

夹紧器按照夹紧方向，有平面、垂直和 45° 夹紧器；按照操作方式，有螺栓夹紧、快速夹紧和手柄螺旋夹紧，还有手工、气动或液压。其中，带补偿的螺旋夹紧器最为常用。这种夹紧器在悬臂中增加了弹性伸缩，抵消夹紧时的侧向分力，以补偿夹具本身的变形和插入过程中的间隙，保证夹紧力与受力面垂直。夹紧头部一般由碳钢、不锈钢和尼龙材料制成，以适合不同的工件要求。如果配备两点、三点夹紧桥，可同时夹紧不同高度的两个位置的工件。另外，也可按照夹紧的型面加工特殊的夹紧头。

6.4.4 焊接夹具的精度控制

焊接夹具精度标准由设计单位制订,其中规定了底板基准槽和坐线的形态和精度要求,定位销和其他定位支承件的尺寸和形位公差要求,承制单位按要求进行检测、判断并进行调整,合格后就固定定位销。随着机床加工精度的提高,为了降低定位误差,提高加工精度,对夹具的制造精度要求更高。高精度夹具的定位孔距精度高达 0.01 mm/5 μm,夹具支承面的垂直度达到 0.01 mm/300 mm,平行度高达 0.01 mm/500 mm。德国戴美乐(Demmeler)公司制造的长 4 m、宽 2 m 的孔系列组合焊接夹具平台,其等高误差为 0.03 mm,精密平口钳的平行度和垂直度在 5 μm 以内,夹具重复安装的定位精度高达 5 μm。瑞士 EROEA 柔性夹具的重复定位精度高达 2～5 μm。机床夹具的精度已提高到微米级。世界知名的夹具制造公司都是精密机械制造企业。诚然,为了适应不同行业的需求和经济性,夹具有不同的型号以及不同档次的精度标准可供选择。

6.4.5 夹具模块化、组合化

夹具元件模块化是实现组合化的基础。利用模块化设计的系列化、标准化夹具元件快速组装成各种夹具已成为夹具技术开发的基点。省工、省时、节材、节能体现在各种先进夹具系统的创新之中。模块化设计为夹具的计算机辅助设计与组装打下了基础。应用 CAD 技术可建立元件库、典型夹具库、标准和用户使用档案库,进行夹具优化设计,为用户三维实体组装夹具。模拟仿真刀具的切削过程既能为用户提供正确、合理的夹具与元件配套方案,又能积累使用经验,了解市场需求,不断地改进和完善夹具系统。

组合夹具分会与华中科技大学合作,正在着手创建夹具专业技术网站,为夹具行业提供信息交流、夹具产品咨询与开发的公共平台,争取实现夹具设计与服务的通用化、远程信息化和经营电子商务化。

6.4.6 通用、经济

夹具的通用性直接影响其经济性。采用模块、组合式的夹具系统,一次性投资较大,只有夹具系统的可重组性、可重构性及可扩展性功能强,应用范围广,通用性好,夹具利用率高,收回投资快,才能体现出经济性好。德国戴美乐(Demmeler)公司的孔系列组合焊接夹具,仅用品种、规格很少的配套元件,即能组装成多种多样的焊接夹具。元件的功能强,可使夹具的通用性好;元件少而精,配套的费用低,经济实用。专家们建议,组合夹具行业加强产、学、研协作的力度,加快用高新技术改造和提升夹具技术水平的步伐,创建夹具专业技术网站,充分利用现代信息和网络技术,与时俱进地创新和发展夹具技术。主动与国外夹具厂商联系,争取合资与合作,引进技术,这是改造和发展我国组合夹具行业较为行之有效的途径。

6.5 汽车焊接技术的发展趋势

焊接作为一种传统技术又面临着 21 世纪的挑战。一方面,材料作为 21 世纪的支柱产业已显示出多方面的变化趋势,即焊接要求越来越高,焊接种类越来越多,焊接材料越来越多;另一方面,先进制造技术的蓬勃发展,正从集成化等方面对焊接技术的发展提出了越来越高的要求。针对汽车产品"更轻、更安全、性能更好且成本更低"的发展目标,当前的汽车焊接技术正从传统的材料连接迅速地延伸和拓展,并向先进的"精量化焊接制造"的方向前进。

6.5.1　焊接要求的提高

①对焊接件的尺寸精度要求高。为了保证产品的装配精度和尺寸稳定性,要求尽可能减少薄板件在焊前的精度偏差和焊后的热应力与变形。

②对焊缝接头的性能要求高。焊接接头不仅要满足静态和动态的力学性能指标,而且有苛刻的低周疲劳性能要求。

③对批量焊接生产品质高且一致性好的要求。

④对焊接生产过程高节拍、高效率的要求。

⑤对"零缺陷"的质量控制与保证,提出了自动化焊接过程的监测与信息化治理的要求。

近年来,汽车产业在焊接新技术的应用及推广方面起了积极的推动作用。

针对汽车产品"更轻、更安全、性能更好且成本更低"的发展目标,当前的汽车焊接技术正在传统的材料连接概念与方法的基础上迅速地延伸和拓展,并向先进的"精量化焊接制造"的方向发展。

6.5.2　焊接种类的发展

随着焊接技术在汽车制造中的日益发展,焊接种类也越来越多。其中,主要的焊接种类如下:

1)气体保护焊

用外加气体作为电弧介质,并保护电弧和焊接区的电弧焊,称为气体保护焊。CO_2 气体保护焊作为一种高效的焊接方法,以其焊接变形小和焊接成本低的特点,在我国汽车业获得了广泛的运用(图 6-6)。但是 CO_2 气体保护焊在实际应用中还存在一些问题。现以 CO_2 气体保护焊中应用最为广泛的短路过渡形式为例,电弧电压、焊接电流或焊接回路电感匹配不当,或焊丝伸出长度(干伸长)不合适,都可能造成焊接电弧不稳定、飞溅和未焊透等。

图 6-6　气体保护焊

2)激光焊

激光焊是利用激光器受激产生的激光束,通过聚焦系统并调焦到焊件接头处,将光能转换为热能,使金属熔化形成接头(图 6-7)。与传统的点焊相比,激光焊在焊接精度、效率、可靠性、自动化、轻量化及降低成本等方面都具有无可比拟的优越性。

图 6-7　激光焊

激光焊被认为是21世纪最有发展远景的制造技术之一。激光焊设备的关键是大功率激光器。目前：主要有两大类：一类是固体激光器，主要优点是产生的光束可通过光纤传送，适用于柔性制造系统或远程加工；另一类是气体激光器，又称 CO_2 激光器，以分子气体作工作介质，可连续工作并输出很高的功率。汽车产业中，激光技术主要用于车身拼焊和零件焊接，如顶棚与侧围的焊接（图6-8）。

图 6-8　采用激光焊顶棚消除了表面凹凸

以激光焊为代表的精量化焊接生产方式用一种新的技术理念促进了汽车焊接技术的进步。此外，一些新的连接方法也率先在汽车制造中获得应用。例如，变极性 MIG/MAG 焊接方法、激光-电弧复合焊接方法、磁脉冲焊接方法、胶接及机械联接方法等都已开始成功地应用在各类新车型的制造中。

3）焊接机器人的发展

随着全球经济和科学技术的不断发展、进步和创新，各个领域的先进技术成果被广泛地应用于汽车产业。众所周知，焊接加工一方面要求焊工要有熟练的操作技能、丰富的实践经验、稳定的焊接水平；另一方面，焊接又是一种劳动条件差、烟尘多、热辐射大、危险性高的工作。而工业机器人的出现，使人们自然而然地想到用它代替人的手工焊接，减轻焊工的劳动强度，同时也可保证焊接质量和提高焊接效率。汽车制造的生产批量化、高效率化以及对产品质量一致性的要求化，使机器人在汽车焊接中获得了大量的应用（图6-9）。

图6-9　焊接机器人

近年来,国外部分生产汽车批量大的企业已将中频点焊机器人和伺服技术点焊机器人应用于轿车白车身装焊线,尤其在欧洲,中频点焊机器人使用量已占40%,并扩大到铝合金轿车车身的点焊作业。中频点焊机器人在轿车生产中有以下优点:汽车制造厂95%的电阻焊机是交流的,交流点焊机与电力网接通依靠晶闸管导通,因此,存在空缺区,热量不集中,并且焊接质量不稳定。而中频点焊机三相负载平衡、低输入、没有电网过渡过程、功率因数高,并且节约电能。在轿车白车身的装焊中,经常使用的是160 kV·A交流悬挂式点焊机,但假如使用中频点焊钳只需44 kV·A就够了。按点焊规定,在稳定的焊接范围内的焊核直径为$4t$(t为板厚)。经试验,在单相交流焊机点焊100焊点情况下,单相整流焊机为129焊点,中频点焊机为241焊点;同样,对镀层钢板,单相交流焊机为110焊点,中频点焊机为355个焊点。可知,中频点焊机稳定的焊接范围较大。对汽车装焊合件,在保证焊核直径为$4t$时,焊接电流为计算电流的1.5倍。焊接电流小,电极发热量小,延长了电极使用时间,是中频点焊的最大特点。中频点焊机器人系统焊钳和整流焊接变压器一体化,中频整流焊接变压器的质量为单相交流式的1/5~1/3,而焊钳质量减小1/3~1/2。

国外点焊机器人与整流焊接变压器一体化的X/C型焊钳在设计方面有了很大改进,采用高强度铝板组装成板式钳体结构来代替铸铜整体结构,从而进一步减小了焊钳质量。同时,铝板式钳体结构在CNC机床加工中心制造提高了制造精度。另外,X/C型焊钳结构设计具有高共用相似性,可减少库存备件。由于焊钳的质量减小,点焊机器人的机械装置所支承的质量也随之减小,从而使驱动电动机功率下降。点焊作业时,在加速、制动以及在点焊过程中的磨损也相应减少。即使在点焊机器人高速旋转时,对极限点焊区也能实现驱动接近。中频点焊具有焊接电流波形的广泛设置。直流极性的效果和良好的热效率使电流焊接热效率比交流点焊高,并且可用低电流焊接。因此,中频点焊具有焊接钢、带镀层钢板、不锈钢、铝及对不同导热材料进行组合焊接的特性(如铝和钢的点焊)。随着焊接技术的不断进步、有关汽车厂新车型的投产以及生产纲领的扩大,中频点焊在我国汽车产业的应用必将会进一步发展。

由于机器人控制速度和精度的提高,尤其是电弧传感器的开发并在机器人焊接中得到应用,使机器人电弧焊的焊缝轨迹跟踪和控制问题在一定程度上得到很好解决,机器人焊接在汽车制造中的应用从原来比较单一的汽车装配点焊很快发展为汽车零部件和装配过程中的电弧焊。机器人电弧焊最大的特点是柔性化,即可通过编程随时改变焊接轨迹和焊接顺序,因此,最适用于被焊工件品种变化大、焊缝短而多、形状复杂的产品。这正好符合汽车制造的特点,尤其是现代社会汽车款式的更新速度非常快,采用机器人装备的汽车生产线能很好地适应这种变化。

随着汽车轻量化制造技术的推广,一些高强合金材料和轻合金材料(如铝合金、镁合金等)在汽车结构材料中得到应用。这些材料的焊接往往无法用传统的焊接方法来解决,必须采用新的焊接方法和焊接工艺。其中,高功率激光焊和搅拌摩擦焊等最具发展潜力。因此,机器人与高功率激光焊和搅拌摩擦焊的结合将成为必然趋势。

6.5.3 汽车焊接生产线的发展

随着汽车产业的日益发展,使用汽车的人越来越多,普通的汽车焊接已满足不了人们对汽车的需求,焊接生产线的出现能很好地解决这一问题。

汽车焊接生产线主要是白车身焊接。它是由车体骨架、发动机罩、行李箱盖、左右门外板焊接总成共同组成的(图6-10)。车体骨架是由地板焊接总成,左右前纵梁及轮罩焊接总成,左右侧围焊接总成,前围焊接总成,顶盖及前后横梁、后挡板、左右后纵梁及后轮罩焊接总成,以及后围焊接总成所构成。

图6-10 汽车焊接生产线

点焊机器人在现代化车身装焊生产线上被大量采用。它可提高装焊生产的自动化程度,减轻操作者的劳动强度,提高生产效率,保证焊接质量。点焊机器人主要用于车身装焊的补焊工位、车身总成合焊工位等。同时,点焊机器人的采用,实现了车身装焊的柔性化生产方式——多品种、少批量混线生产。在电弧焊汽车车身装焊生产中,主要在车架、地板等的主焊工位进行手工补焊作业,在副车架等分总成工件的焊接工位有弧焊机器人的应用。在汽车零部件的生产中,广泛地采用了点焊、凸焊、缝焊、对焊及电弧焊等焊接工艺。

随着汽车工业的发展,汽车车身焊装生产线也逐渐向全自动化方向发展。将现代化的管理手段与先进的信息技术应用于焊装生产线,对企业的管理和决策有着非常重要的意义。

6.5.4　焊接材料的应用及发展趋势

随着车身向着轻量化方向发展,车身材料的轻量化及车身金属材料的非金属化是必然趋势。未来车身材料仍以钢板为主,但一些复合材料将得到广泛应用。

1)镀锌钢板

随着汽车产业发展,为了延长车体使用寿命和增强车体材料的抗腐性能,镀锌钢板得到广泛使用。目前,在汽车车身制造中,主要采用电阻点焊方法,与无镀层钢板相比,镀锌钢板的点焊过程中还存在一些问题:先于钢板熔化的锌层形成锌环而分流,致使焊接电流密度减小;锌层表面烧损、污染电极而使电极寿命降低;锌层电阻率低,接触电阻小;轻易产生焊接飞溅、裂纹及气孔等缺陷。

2)高强度钢板

为了实现汽车轻量化,提高汽车安全性能,高强度钢板的应用正逐年增加。

目前,高强度钢板的品种主要有含磷冷轧钢板、烘烤硬化冷轧钢板和冷轧双相钢板等。

3)铝合金

与汽车钢板相比,铝合金具有密度小、比强度高、耐锈蚀、热稳定性好、易成形及可回收再生等优点,技术成熟。在汽车产业中也逐渐在使用铝合金材料的零部件。但目前,铝合金焊接还存在线膨胀系数大,产生的热应力较大,以及易出现气孔从而导致铝合金焊接接头的强度降低的缺点。

4)镁合金

镁的密度仅为钢材密度的35%。它的强度、刚度高,阻尼性、导热性好,尺寸稳定性好。因此,在汽车产业中得到了广泛的应用。目前,镁合金在汽车产业中主要应用于车门铸造。随着压铸技术的进步,已可制造出外形复杂的薄壁镁合金车身零件,如前后挡板、仪表盘和转向盘等。

5)高强度纤维复合材料

20世纪80年代后期,复合材料车身外覆件得到大量的应用和推广,如发动机罩、翼子板、车门及顶棚等,甚至出现了全复合材料的轿车车身。用复合材料作为汽车车身外覆件,无论从设计还是生产制造、应用都已成熟,并已从外覆件的使用向内饰件和结构件方向发展。新材料与新工艺是相辅相成的,汽车产业正在开发新的制造方法,并对传统的工艺进行更新。据相关方面专家猜测,今后10年,轿车自身质量还将减轻20%,除了大量采用复合材料和轻质合金外,车身设计方法也将发生重大变化。

总之,通过大力开发高效节能的焊接新技术、新材料、新工艺和新设备,轻便灵巧的智能设备,以及计算机和信息技术,汽车产业必将取得更大的进步。

参考文献

[1] 吴波.汽车车身设计及制造工艺新技术研究[J].南方农机,2019,50(13):138.

[2] 秦庆.汽车冲压件制造工艺探究[J].科学与信息化,2019(2):104.

[3] 熊礼明.汽车车身设计与制造工艺研究[J].中国设备工程,2019(14):99-100.

[4] 李利飞,闫瑞杰,李海香.电动汽车电气驱动系统分析[J].南方农机,2019,50(6):124.

[5] 刘永博.电气自动化系统在汽车制造领域的应用研究[J].内燃机与配件,2019(13):268-269.

[6] 刘仁前,周溪召.基于Flexsim的汽车零部件包装流水线仿真优化[J].物流科技,2019,42(3):56-59,65.

[7] 李鹏.现代汽车发动机制造工艺的发展动向[J].内燃机与配件,2019(11):119-120.

[8] 张东梅,刘庆,邵文艺.浅析工艺标准化在汽车制造中的重要意义[J].内燃机与配件,2019(8):108-109.

[9] 李岩.浅析汽车车身设计及制造工艺新技术[J].科学与信息化,2018(35):70.

[10] 沈宏山,张兰春,谢昊,等.现代汽车制造工艺布局及其柔性化设计[J].时代汽车,2018(9):81-82.

[11] 田闯.汽车自动变速器制动棘爪制造工艺设计与五大工具的应用[D].天津:天津大学,2017.